KB266340

초 · 중 · 고를 관통하는 입시의 구조

대학입시는 초등에서 시작된다

<u>대학입시는 초등에서 시작된다</u>

초판 인쇄 2026년 3월 22일
초판 발행 2026년 3월 30일

지은이 박노성
발행인 조현수
펴낸곳 도서출판 더로드
기   획 조영재
편   집 정종덕
주   소 경기도 파주시 광인사길 68, 201-1호(문발동)
전   화 031-942-5366
팩   스 031-942-5368
이메일 provence70@naver.com

등록번호 제396-2022-000130호
등록 2022년 8월 17일

ISBN 979-11-6338-513-4(13370)
값 19,000원

초 · 중 · 고를 관통하는 입시의 구조

대학입시는 초등에서 시작된다

박노성 지음

도서출판 **더 로드**
The Road Books

입시는 모두에게 처음이다

30여 년 동안 대학 입시를 지도하며,
나는 오랫동안 입시를 '잘 아는 사람'이라는 위치에 서 있었다.

아무리 정보가 넘쳐나는 시대라 해도,
내 아이의 인생이 걸린 선택 앞에서 부모는 언제나 초보다.
게다가 입시는 단 한 번도 직접 겪어보지 못한 분야다.

소문과 경험담, 불완전한 정보 속에서 판단해야 하는 영역이다.
그렇기에 불안해질 수밖에 없고, 흔들릴 수밖에 없다.

한 집에 하나, 많아야 둘인 아이에게
"최선"을 해주고 싶다는 마음은 자연스럽다.

그러나 그 결과, 상위권 대학의 경쟁은 더 치열해졌다.
선택지는 많아진 것 같은데, 성공으로 가는 길은 더 좁아지고 있다.

부모는 아이 교육에 있어서 늘 뒤늦게 깨닫는다.
이 책이 그 '깨달음'을 조금 앞당기는 역할을 할 수 있다면 충분
하다.

이 내용은 교육학적, 의학적 결과로 만들어지지 않았다.
수많은 아이들이 초등, 중등, 고등을 준비하는 여정을 지켜본 결
과로 만들어졌다.

대학입시를 위해서 언제부터 무엇을 준비해야 하는지,
현장에서 보고 겪은 사례를 바탕으로 현실적인 이야기를 전하려고
한다.

현실적으로 이 모든 내용을 지킬 수는 없다.
이 글은 입시라는 낯선 길 앞에서,
부모와 아이가 같이 생각할 수 있는 기준점을 제시하기 위한 기록
이다.

PART 2. 중학교

PART 3. 고등학교

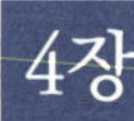

3장 선생님도 사람이다

4장 고2, 고3에게 당부합니다.

PART 1
초등학교

초등 시기 학습목표는 지능을 올리거나 영재를 만드는 일이 아니다.
어려움 속에서도 버틸 수 있는 공부근육을 만드는 일이다.

1장
초등 공부의 목표

1

의사가 되고 싶다면 의대에 합격해야 한다

"꿈을 이루기 위해서는 상응하는 실력이 필요하다. 꿈과 내 실력이 부합되지 않음을 느낄 때 아이는 좌절하고 낙담한다. 이때 '나는 의사가 될 거야'라는 말이 '난 꿈이 없어'로 바뀐다."

"커서 뭐가 되고 싶니?"
아이는 망설임 없이 말한다.
"난 변호사가 될 거야."
"난 파일럿이 되고 싶어."
"난 경찰관이 될 거야."
"난 의사가 될래."
그 말을 듣는 순간 부모는 감격한다.

변호사가 된 아이, 하늘을 나는 아이, 제복을 입은 아이,

하얀 가운을 입은 아이의 모습이 그려진다.

어릴 때 꿈을 갖는 일은 분명 소중하다.
의지가 있다는 것은 출발선에 섰다는 뜻이기 때문이다.
하지만 여기서 현실을 차분히 바라볼 필요가 있다.

예를 들어 "변호사가 되고 싶다."는 꿈은 멋지다.
그러나 현재 인서울 대학 중 법학과는 거의 사라졌고,
법학전문대학원에 진학해야 한다.

그리고 법학전문대학원 입시에서 가장 유리한 출신 대학은
통계적으로 서울대를 비롯한 상위권 주요대학교다.

결국 순서는 이렇다.
"변호사가 되고 싶다." → "주요대학에 합격해야 유리하다." →
"결국 주요대학에 합격할 실력이 필요하다."

파일럿은 어떤가.
공군사관학교나 일반 대학의 항공운항학과에 합격해야 한다.
공군사관학교는 인서울 상위권 대학 수준의 경쟁률을 보이고,
일반 대학 항공운항학과 역시 해당 대학 내에서
가장 높은 성적을 요구하는 학과다.

즉, 하늘을 나는 꿈은, 땅 위에서의 성적 경쟁을 통과해야 시작된다.

"경찰관이 될 거야."
경찰대학교는 서연고 합격권 수준의 성적을 요구한다.
정원도 매우 적다. 경찰대가 아니라면 공무원 시험을 준비해야 하
고, 그 준비에 유리한 행정학과나 공공인재학부 역시 높은 성적이
필요하다. 결국 다시 공부로 돌아온다.

의사는 더 냉정하다.
전국 고등학교가 약 2,000개,
의대 정원이 약 4,000명이라 해도
특목고, 전국단위 자사고, 재수생, 반수생까지 포함하면
전교 1등도 합격을 장담하기 어렵다.

"의사가 되고 싶다."는 말은
사실상 "전교 1등 수준의 실력을 만들겠다."는 선언과 같다.

어떤 대학도
"되고 싶다", "하고 싶다"는 이유로 학생을 선발하지 않는다.
대학은 의지가 아니라 준비된 능력을 본다.

그래서 부모의 역할은
아이의 꿈을 감격 속에만 두는 것이 아니라
그 꿈이 요구하는 현실을 함께 바라보는 것이다.

"되고 싶다"는 말 뒤에
"그만큼 준비하자"가 따라와야 한다.
결국 모든 길의 공통분모는 하나다.
공부 능력이다.

공부는 꿈을 대신하는 것이 아니다.
꿈을 현실로 연결하는 유일한 통로다.
아이가 무엇이 되고 싶든,
그 꿈을 지켜주는 가장 확실한 방법은
지금 공부의 힘을 키워주는 일이다.

 **실천 Tip**

- 꿈을 들으면 "그럼 어떤 학과를 가야 할까?"를 함께 찾아본다.
  직업 이름에서 멈추지 말고, 실제 진학 경로를 부모가 먼저 조
  사해 아이와 나눈다.
- 성적을 직업과 연결해 설명한다.
  시험이 끝났을 때 "잘 봤네!"가 아니라 "이 점수면 항공운항
  과 지원권에 들어갈 수 있을꺼야"처럼 말해준다.
- 꿈을 지켜주는 조건이 공부임을 반복해서 알려준다.
  "공부를 잘해야 꿈을 가질 수 있는 게 아니라, 꿈을 지키려면
  공부가 필요하다."는 메시지를 일상 대화에서 심어준다.

2

공부 관성 없는 아이는 매번 다시 시작한다

"공부 관성을 만드는 일은 부모의 책임이다. 공부관성은 한번 만들어진 공부의 흐름과 습관이 특별한 자극이 없어도 계속 유지되려는 상태다. 초등 때 공부 관성이 만들어지지 않으면, 중·고등학교에 가서 아이는 매번 다시 시작해야 하는 어려움에 직면한다."

초등학교 시기에 교육의 목표를 성적으로 설정하는 순간,
부모는 아이의 결과에 집중하기 시작한다.

하지만 이 시기에 부모가 만들어줘야 할 것은
공부가 멈추지 않는 '공부 관성'이 작동하는
환경을 만들어주는 일이다.

공부 관성은 아이의 성격이나 의지로 만들어지지 않는다.
부모가 만든 생활 방식에서 생긴다.

그리고 이 관성은 한 번 만들어지면,
생각보다 오래 아이를 끌고 간다.

공부는 흔히 "의지가 있어야 한다."고 말하지만,
현장에서 보면 공부는 의지보다 가속력의 문제에 가깝다.
처음 시작할 때 가장 힘들고,
흐름이 생기면 유지하기가 쉬워진다.

문제는 초등 시기에 이 가속력이 붙기도 전에
공부를 멈추게 만드는 환경이 너무 많다는 점이다.

아이가 힘들어 보이면, 하루를 건너뛰고 쉬어주고,
기분이 안 좋아 보이면, 미뤄주는 선택들이 흐름을 끊는다.

공부 관성은
"잘할 때 더 시키는 것"이 아니라
안 하려는 순간에도 완전히 멈추지 않게 만드는 힘이다.

완벽하지 않아도 앉아 있는 시간,
집중이 안 돼도 끝까지 마무리하는 경험,
틀려도 다시 보는 태도.
이런 작은 반복들이 쌓여서 관성이 된다.

실천 Tip

- 시간을 협상하지 않는다.

  "오늘은 쉬면 안될까?"라는 질문에 예외를 만들지 말자. 분량은 줄여도 시간은 지킨다.

- 시작 시간을 고정한다.

  매일 같은 시간에 앉게 하자. 결심하게 하지 말고, 자동으로 움직이게 만들자.

- 완벽보다 지속성을 본다.

  집중이 부족해도 끝까지 했는지 본다. 잘한 날보다, 빠지지 않은 날을 칭찬하자.

- 부모의 감정으로 규칙을 바꾸지 않는다.

  기분, 피곤함, 일정에 따라 흔들리면 관성은 생기지 않는다. 일관성이 곧 힘이다.

3

공명현상: 아이의 작은 습관이 미래를 흔든다

"작은 30분은 사소해 보인다. 그러나 그 반복이 중·고등학교의
3시간을 만들고, 결국 중간고사, 기말고사, 그리고 수능 하루를
버티는 힘이 된다."

물리학에는 '공명현상'이라는 개념이 있다.
아주 작은 힘이라도 같은 리듬으로 반복되면
점점 증폭되어 큰 구조물까지 흔들 수 있다는 원리다.

연속적인 작은 바람에,
실제로 다리가 무너진 사례도, 건물이 크게 흔들린 사례도
이 공명현상으로 설명된다.
이 현상은 이론이 아니라 물리학적으로 증명된 사실이다.

중요한 점은 이것이 과학 교과서 속 이야기로만
끝나지 않는다는 것이다.

인간의 삶 역시 반복과 리듬의 영향을 받는다.
같은 행동이 매일 반복되면 습관이 되고, 습관은 성격이 되고,
결국 커다란 결과를 만든다.

초등 시기의 30분을 가볍게 보면 안 되는 이유가 여기에 있다.
매일 30분을 집중하는 아이와 그렇지 않은 아이의 차이는
하루에는 보이지 않는다.
그러나 1년, 3년이 지나면 완전히 다른 아이가 된다.

초등 시기 30분은 중학교에서 1~2시간을 인내하는 힘이 되고,
고등학교에서 3시간 이상을 흔들림 없이 집중하는 힘이 된다.
그리고 그 힘이 모이면,
하루 종일 시험을 치러야 하는 수능에서도 무너지지 않는
집중력으로 이어진다.

공명현상은 작은 힘이 반복될 때 폭발력을 만든다.
아이의 생활습관도 마찬가지다.

매일의 30분은 미미해 보이지만,
같은 리듬으로 쌓이면 인생을 흔드는 힘이 된다.
초등은 빠르게 앞서 나가야 하는 시기가 아니다.

리듬을 만드는 시기다.

지금 아이가 매일 30분을 스스로 앉을 수 있다면,

그 아이는 이미 입시의 가장 중요한 근육을 만들고 있는 것이다.

성적은 나중의 문제다.

집중하는 습관이 먼저다.

작은 반복이 결국 큰 차이를 만든다.

 **실천 Tip**

- 공부를 할 때 휴대폰과 TV는 멀리한다.

  집중하는 시간에는 이것들이 보이지 않게 한다. 아이의 의지를 기다리기 전에 환경을 바꿔준다.

- 공부시간을 기록으로 남긴다.

  매일 30분을 채웠는지 체크한다. 달력에 표시만 해도 좋다. 눈에 보이는 누적이 동기를 만든다.

- 초등 때는 성적보다 습관을 만든다.

  시험 점수에 일희일비하지 않는다. "앉는 힘이 늘고 있는가"를 기준으로 본다. 집중하는 시간이 길어지면 성적은 따라온다.

4

포기는 습관이 되고, 버팀은 실력이 된다

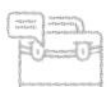

"초등 시기 작은 타협들이 누적되면 고등 시기 포기를 만든다. 오늘의 '이 정도면 괜찮겠지'라는 생각이 내일의 '나는 여기까지다'라는 한계로 굳어진다."

"오늘은 쉬어도 되지 않을까?"
"이 정도면 충분하지 않을까?"
이 말들이 반복되면 아이는 자연스럽게 배운다.
공부는 힘들면 중단해도 되는 일이라고.

포기도 그렇게 습관이 된다.
반대로 공부 관성이 만들어진 아이들은 다르다.

초등에서는 눈에 띄지 않을 수 있다.
성적이 아주 높지 않을 수도 있다.

하지만 중학교에 가서 처음 벽을 만났을 때,
이 아이들은 힘들어도 포기하지 않는다.
이미 버텨본 경험이 있기 때문이다.

안 될 때도 앉아 있었고,
싫어도 마무리해 본 기억이 있기 때문이다.

초등 시기의 공부 관성은
'얼마나 앞서 나갔는가'로 만들어지지 않는다.
'얼마나 자주 다시 돌아왔는가'로 만들어진다.

그래서 초등 시기에 부모가 해야 할 일은
공부의 흐름이 끊기지 않도록 옆에서 지켜주는 것이다.

초등에서는 성적을 관리하지 말고,
공부의 가속력이 꺼지지 않게 관리하자.

잘하는 아이보다 계속 다시 앉는 아이,
이 아이가 중학교라는 허들을 넘어 고등학교를 완주한다.

공부 관성은 타고나는 것이 아니다.
부모가 만들어주는 환경의 결과다.

입시는 결국 마지막까지 남아 있는 아이들의 경쟁이다.
초등과 중등에서 반짝 잘하던 아이가 고등에서 사라지고,
조용히 버텨온 아이가 마지막에 결과를 만들어내는 장면은
드문 일이 아니다.

그래서 나는 '지금 잘함'을 기준으로 아이를 판단하지 말자고 말한다.
대신 묻자. 이 아이는 잘 안될 때 다시 시작할 수 있는가?

💡 실천 Tip

- **"오늘만은"을 허용하지 않는다.**
  특별한 날이 반복되면 규칙은 가벼워진다. 예외는 최소화하고, 흐름을 먼저 지킨다.
- **공부 공간을 고정한다.**
  식탁, 소파, 침대가 아니라 항상 같은 자리에서 시작하게 하자. 자리가 습관을 만든다.
- **끝내는 시간을 정해둔다.**
  시작만큼 마무리도 중요하다. 정해진 시간에 스스로 마치게 하면 자기조절력이 생긴다.

■ 부모가 먼저 휴대폰을 내려놓는다.

아이에게 집중을 요구하기 전에, 집 안의 분위기부터 조용히 정리하자. 환경이 관성을 만든다.

5

머리는 좋은데 공부를 안 해요

"IQ는 타고날 수 있어도 공부머리는 타고나는 것이 아니다. IQ가
높은데 최상위권 대학에 떨어지는 사례는 너무나 많다. 공부머리는
보고, 듣고, 쓰고, 설명하는 행동으로 만들어진다."

초·중·고 학부모 상담 시 자주 듣는 말 가운데 하나가
"머리는 좋은데 공부를 안 해요."다.
이 말을 들을 때마다 안타까움이 먼저 든다.

이 말은 초등부터 시작해서
중등을 거쳐 고3 입시 때까지도 자주 듣는 말이기 때문이다.

머리는 좋은데 공부를 안 하는 현상은
생각보다 무겁게 받아들여야 한다.

머리가 좋다는 것과 공부를 한다는 것은

전혀 다른 문제이기 때문이다.

그리고 입시적 관점에서 필요한 건,
"머리가 좋다."가 아니라 "공부를 한다."이다.

많은 부모님과 아이들은
"머리가 좋다."는 말을 위안처럼 받아들인다.
괜찮다는 말처럼, 아직 늦지 않았다는 말처럼 들린다.

그리고 방심이 시작된다.
아이의 머릿속에는 특정한 생각이 만들어진다.
"나는 원래 머리가 좋으니 지금은 하지 않아도 된다.
필요할 때 시작하면 된다.
마음만 먹으면 언제든지 잘할 수 있다."

이 생각은
겉으로 보면 자존감을 지켜주는 말처럼 보인다.

하지만 시간이 지날수록
공부를 미루는 가장 강력한 이유가 된다.

우수한 대학에 합격하는 아이들은

‘머리가 좋은 아이’와는 다르다.

이 아이들은 타고난 지능으로 버틴 아이들이 아니라
공부를 해 온 아이들이다.
공통점은 지능이 아니라 공부를 하는 머리다.

공부머리는 문제를 빨리 푸는 능력이 아니다.
책상 앞에 오래 앉아 있을 수 있는 힘이고,
이해되지 않는 내용을 쉽게 놓지 않는 태도이다.

공부머리는 어느 날 갑자기 생기지 않는다.
의자에 앉아 있는 시간의 누적 속에서 만들어지고,
공부에 의미를 느껴본 경험 속에서 자란다.

초등부터 고등까지 형성된 공부 태도가
성적과 학생부의 질을 결정한다.

이 과정 어디에서도
“머리가 좋으니 괜찮다.”는 말은
도움이 되지 않는다.

머리가 좋은 아이가 아니라

공부를 해 온 아이가 결국 원하는 대학에 합격한다.

실천 Tip

- "머리가 좋다."는 말을 칭찬으로 쓰지 않는다.

  대신 "오늘도 끝까지 했네."처럼 행동을 칭찬하자. 능력이 아니라 태도에 초점을 둔다.

- 미루는 말을 그냥 넘기지 않는다.

  "나중에 할게."라는 말이 나오면 바로 시작 시간을 다시 정한다. 선택을 실행으로 연결시킨다.

- 좋아하는 과목만 집중하지 않게 한다.

  어려운 과목을 피하지 않도록 하루 일정에 포함시킨다. 여러 가지 공부를 동시에 지속하는 힘이 실력을 만든다.

6

"내 아이는 다르다"는 판단이 위험하다

"대학입시에 필요한 힘은 끝까지 속도를 유지하는 힘이다. 재능이
훈련되지 않으면, 아이의 장점은 빠르게 사라진다."

아이에게서 남다른 모습을 발견하는 순간이 있다.
책을 한 번 읽고도 내용을 정확히 기억하거나,
어른의 질문에 기대 이상으로 답하는 모습을 보면,
"이 아이는 다르다."는 생각이 든다.

영재성 검사를 받고
"영재성이 있다.", "상위 5% 이내다.", "잠재력이 높다."는 말을 들
으면 서울대, 연·고대, 의대라는 단어가 자연스럽게 떠오른다.
문제는 그다음이다.

기대가 커지는 순간,
관리의 강도는 오히려 낮아지는 경우가 많다.
"이 아이는 머리가 좋으니까."

"굳이 지금부터 그렇게까지 할 필요는 없지."
"고등학교 가면 알아서 하겠지."

이 생각이 반복되면
하루 30분의 복습이 사라지고,
오답을 다시 풀어보는 과정이 생략되고,
기본 문제를 끝까지 마무리하는 훈련이 약해진다.

그 이유는 우리 아이가 영재라고 생각하기 때문이다.
그러나 영재성은 공교육의 학업 성과를 대변하지 않는다.
고등학교에서의 성적은, 안타깝게도, 영재성과 큰 관련이 없다
일반 학생들을 위해 만들어진 교육과정이기 때문이다.

학교에서는 개념을 정확히 이해했는지,
실수를 줄였는지, 끝까지 문제를 붙잡았는지,
3년 동안 이 성과를 꾸준히 유지했는지를 본다.
대학은 "특별한 아이"를 뽑는 곳이 아니라,
어려운 과정을 끝까지 감당해 낸 아이를 뽑는다.

영재 판정을 받거나, 대학부설 영재프로그램을 이수해도,
고등학교에서 중위권에 머무르는 사례는 적지 않다.
그런 아이들은 당황스럽기만 하다.
그리고 자신의 내신 성적에 낙담하고 자존감은 바닥으로 내려온다.

재능은 가능성이고, 성적은 노력과 누적의 결과다.
그래서 부모가 가장 조심해야 할 순간은
아이를 "특별한 아이"로 분류하는 순간이다.

특별하다는 인식은 공부의 긴장감을 낮추고,
반복 훈련을 가볍게 만들 수 있다.
잠재력을 믿되, 관리를 느슨하게 하는 일은 있어서는 안 된다.

실천 Tip

- 영재 판정 이후에 오히려 기본 훈련을 강화한다.

  "머리가 좋으니까 괜찮다."는 말을 하지 말고 매일 복습, 오답
  정리, 독서 시간을 더 명확하게 설계한다. 재능이 있다면 반복
  을 통해 더 빠르게 성장하게 만든다.

- 어려운 문제를 일부러 더 붙잡게 한다.

  빠르게 이해하는 아이일수록 막히는 경험이 적다. 일부러 난도
  가 있는 문제를 선택해 끝까지 해결하는 훈련을 시킨다.

- 칭찬의 기준을 바꾼다.

  "역시 똑똑하다."가 아니라 "끝까지 했구나.", "다시 시도했구
  나."라고 말한다. 재능이 아니라 태도를 칭찬한다.

7

프로야구선수가 될 확률은 0.08%, 서울대 합격 확률은 3%

"학업을 떠나면, 훨씬 더 낮은 확률의 전장에서 싸워야 한다. 프로
야구선수가 될 확률은 약 0.08%, 아이돌로 데뷔할 확률은 약 0.1%,
서울대 합격할 확률은 약 3%로 가장 높다. 꿈은 열어두되, 공부는
기본으로 삼아야 한다."

대학 가기가 어렵다고 느끼면서
연예인, 아이돌 가수,
프로 운동선수를 진로로 이야기하는 경우도 많다.

최근에는 유튜버나 크리에이터가
그 자리를 대신하기도 한다.

물론 뚜렷한 재능이 있다면,
그 자체로 하나의 선택지가 될 수 있다.

문제는 대학이 힘들 것 같다는 이유만으로
이런 방향으로 진로를 설정하는 경우이다.

입시 현장에서 자주 듣는 말이 있다.
"공부는 안 맞는 것 같아서 다른 길을 생각하고 있어요."
"대학은 너무 힘들 것 같아서 차라리 다른 걸 해보려고요."

하지만 이런 생각은 현실적인 판단과는 거리가 멀다.
최근 통계에 의하면,

프로야구선수가 될 확률은 약 0.08% 수준이다.
아이돌로 데뷔할 확률은 약 0.1% 수준이다.

유튜버로 활동하는 사람은 많지만,
그중에서 생계를 유지할 정도로 안정적인 수익을 내는 경우는
전체의 1~5% 수준에 불과하다.

이 수치들을 보면 연예인, 아이돌, 프로 선수, 유튜버라는 진로는
"대학이 힘들어서 선택하기엔" 지나치게 확률이 낮은 길이다.

반면 서울에 있는 중상위권 대학에
입학할 확률은 대략 0.5%에서 10% 수준이다.

결코 쉬운 길은 아니지만 앞서 말한 진로들과 비교하면
가능성은 훨씬 높다.

따라서 대학이 힘들 것 같다는 이유로
학업을 벗어난 진로를 선택하는 것은
논리적인 판단이라고 보기 어렵다.

더 큰 문제는 시간이 지나면
대부분 다시 학업으로 돌아오게 된다는 사실이다.

생각했던 길이 현실과 다르다는 것을 깨닫는 순간,
결국 공부의 필요성을 느낀다.

하지만 그때는 기초가 부족해
따라가기 힘들고, 주변은 이미 앞서가 있다.
결국 이도 저도 아닌 상태에서
방황하게 되는 경우를 입시 현장에서는 수없이 보아왔다.

차라리
우수한 대학에 입학하겠다는 각오를 하고
확률이 더 높은 길에 정면으로 도전하는 편이
훨씬 현실적이다.

- "대학 안갈꺼야"라는 아이들의 말에 장난으로라도 동조하지 않는다.

  위 말은 진로의 표현이 아니라 감정의 표현인 경우가 많다. 아이의 기분을 맞춰주기보다, "엄마는 가야 한다고 생각해"처럼 부모의 의견을 적극적으로 내세운다.

- 공부를 대안이 아닌 기본값으로 둔다.

  아이돌, 운동선수, 유튜버를 이야기해도 "그래, 대신 학교 공부는 기본이야!"라는 기준을 분명히 한다. 다른 길을 생각하더라도 학업을 줄이지 않아야 함을 주지시킨다.

- 작은 학업 성취를 꾸준히 만들게 한다.

  초등 시기에는 큰 목표보다 "오늘 할 것 다 했다."는 경험이 더 중요하다. 숙제, 독서, 문제풀이를 끝까지 마무리하는 습관이 결국 직업 선택의 폭을 넓힌다.

8

삶의 태도를 증명하는 한 가지: 대학졸업장

"대학에 꼭 가야하나?"
라는 질문은 사회가 상위권 대학 졸업자를
"우대하는 이유"는 무엇인가? 하는 질문으로 이어진다.

이 질문은 결국
사회가 왜 상위권 대학 졸업자를
상대적으로 우대하는가에 대한 질문으로 이어진다.

고등학교 시절은 누구에게나 쉽지 않다.
공부가 어렵지 않은 학생은 거의 없다.

상위권 대학에 입학한 아이들은
이 시기를 도망치지 않고 끝까지 완주한 아이들이다.

중요한 점은

이들이 뛰어난 재능을 가진 아이들이라는 사실이 아니다.
오히려 고등학교 시절의 어려움을
꾸준히 버텨냈다는 점이 핵심이다.

상위권 대학 입학은
이러한 태도가 고등학교 시절에 검증된 결과이다.

그래서 대학 졸업장은
지식 수준을 증명하는 종이가 아니라
과정을 끝까지 감당해 본 사람이라는
기록으로 평가된다.

물론 좋은 대학을 나왔다고 해서
실력이 반드시 뛰어나다고 말할 수는 없다.

사회에는 대학 졸업장 없이도 더 높은 실력을 쌓은
재야의 고수도 많다.

그러나 기업이나 사회 조직은
지식만으로 사람을 평가하지 않는다.
얼마나 성실하게 일할 수 있는지,
얼마나 꾸준하게 책임을 이어갈 수 있는지,

어려운 상황에서도
중간에 포기하지 않고
역할을 수행해 왔는지를 함께 본다.

대학은 단지 공부를 잘하는 사람이 가는 곳이 아니라
고등학교 시절의 어려움을
끝까지 통과해 낸 사람들이
다음 단계로 이동하는 공간이다.

그래서 대학 졸업장은
지식을 얼마나 많이 아느냐보다,
사회에 나가서도 오래 버틸 수 있는 사람인지를
가늠하게 해주는 지표로 작동한다.
지식을 쌓는 일도 중요하지만,
개인이 사회의 구성원으로서
기본적인 완주 경험을 인정받았다는
증표라는 관점에서 대학졸업의 가치를 두어야 한다.

실천 Tip

- "대학은 꼭 가야 하는 건 아니야."라고 말해도 좋다.

  그러나 "대신 나중에 선택할 수 있는 가능성은 만들어 두자."

  라고 방향을 정한다.

- 대학을 가는 이유를 재설정 한다.

  "공부는 대학을 가기 위한 게 아니라 네가 나중에 선택할 수 있

  게 해주는 힘이야."라고 상기시킨다.

- 대학을 '공부하는 곳'이 아니라 '전문성을 배우는 곳'으로 설명한다.

  "파일럿은 어디서 훈련받을까?", "경찰관은 어떤 과정을 거칠까?"

  처럼 직업의 도달 과정을 함께 살펴본다. 대학은 특정 분야를

  깊이 배우는 통로임을 이해시키는 과정이다.

2장

대입을 결정하는 공부 관성의 힘

1

30분을 지키는 아이가 결국 앞선다

"하루 30분은 작아 보인다. 하지만 그 시간을 매일 지키면 공부루틴이 만들어지고, 그 루틴은 결국 공부관성으로 이어진다. 공부관성이 생긴 아이는 이미 학습 속도가 다른 아이보다 높아진 상태이기 때문에 뒤늦게 따라잡기는 쉽지 않다."

초등 시기에는 하루 30분이 별것 아닌 것처럼 보인다.
오늘 조금 덜 했다고 해서 바로 성적이 떨어지지도 않고,
한 달 정도는 큰 차이가 느껴지지 않는다.

그래서 많은 가정이 이렇게 생각한다.
"초등 때는 아직 괜찮지."
바로 이 지점이 누적의 갈림길이다.

하루 30분은 짧다.
하지만 일주일이면 3시간 반, 한 달이면 약 15시간,

1년이면 180시간이다. 180시간은 단순한 숫자가 아니다.

교과서 한 권을 여러 번 정리할 수 있는 시간이고,
수학 문제집을 두세 권 끝낼 수 있는 시간이며,
독서 30권 이상을 완독할 수 있는 시간이다.

더 중요한 것은 내용이 아니라 '습관'이다.
매일 같은 시간에 책상에 앉는 행위가 반복되면,
뇌는 그 시간을 "공부하는 시간"으로 인식한다.
처음에는 10분을 참기 힘들어도
두 달이 지나면 30분이 당연해지고,
1년이 지나면 1시간도 부담이 줄어든다.

공부에는 가속력이 있다.
가장 어려운 단계는 책을 펴기 전이다.
시작하는 데 드는 에너지가 가장 크다.

그러나 매일 30분이라도 유지하면
시작 에너지가 점점 줄어든다.
'해야 할 일'이 아니라 '하는 일'이 되기 때문이다.
반대로 몰아서 하는 방식은 매번 처음부터 다시 시작해야 한다.

시험 기간에 갑자기 3시간씩 앉히면
공부는 항상 힘든 일이 된다.
시작할 때마다 에너지가 크게 필요하고,
그 기억이 누적되면서
공부 자체에 대한 거부감

공부 자체에 대한 거부감이 만들어진다.

초등에서 하루 30분을 지켜낸 아이는
이미 가장 어려운 능력 하나를 확보한 것이다.
공부를 "시작할 수 있는 힘"이다.

이 힘은 중학교에서 수행평가가 늘어나고,
고등학교에서 과목 수가 늘어나도
쉽게 흔들리지 않는 기반이 된다.

예습과 복습이 특별한 일이 아니라,
자연스러운 루틴이 되기 때문이다.

입시는 고등시기 폭발적인 노력을 요구한다.
그때 힘이 되는 것은
하루 5시간의 각오가 아니라

초등 때부터 이어진 30분의 누적이다.

실천 Tip

- 알아서 하기를 바라지 말고, 행동을 단계로 쪼개서 지시한다.

  "공부 좀 해."가 아니라 "책상에 앉아. → 가방에서 수학책 꺼내. → 오늘 배운 쪽 펼쳐. → 아이는 의지가 부족해서 못 하는 경우보다, 무엇부터 해야 할지 몰라서 못 하는 경우가 더 많다. 공부의 시작은 동작을 만드는 훈련이다.

- 하루 30분을 '고정 시간'으로 만든다.

  "시간이 남으면 공부"가 아니라, 저녁 식사 후 8시-8시 30분처럼 고정된 시간에 진행한다. 시간이 고정되어야 습관이 된다.

- 주말에도 끊지 않는다.

  평일만 하고 주말에 쉬는 방식은 가속력을 매번 끊는다. 주말에는 분량을 줄여도 좋으니 같은 시간에 앉는 행동은 유지한다.

공부가 일상이 되는 환경은 부모의 몫이다

"정해진 시간과 장소가 변하면 공부는 '이벤트'가 된다. 어린 시기 공부가 일상화되지 않으면 중·고등 시기 두 배의 에너지가 필요하다. '공부를 시작할 힘'이 추가로 필요하기 때문이다."

"오늘은 공부했어?", "숙제 다 했어?"
이 질문 속에는 공통점이 있다.
공부가 일상 밖의 일이라는 전제다.

공부를 잘하는 아이들의 공통점은
공부가 일상에 포함되어 있다.

그러기 위해서는 공부를 선택의 영역에서 빼면 된다.
아이에게 "오늘 공부할래?"라고 묻는 순간,
공부는 협상의 대상이 된다.
그날의 기분, 피곤함, 친구와의 약속이

공부 여부를 결정하게 된다.

공부가 일상이 되려면
밥 먹고, 씻고, 잠자는 것처럼
정해진 흐름 안에 들어가야 한다.
예를 들어, 집에 오면 가방을 내려놓고,
간단히 쉬었다가, 같은 시간에 책상 앞에 앉는 것.
이 과정에서 중요한 것은 순서다.

이 반복이 쌓이면,
공부는 점점 부담이 아닌 일상이 된다.
부모의 역할은 감독이 아니라 순서 관리자다.

다만 공부가 시작되는 시간과 장소가 흔들리지 않도록
외부 자극을 정리해 주는 일은 반드시 필요하다.
TV, 스마트폰, 갑작스러운 외출,
이런 변수들이 공부 시간을 잠식하지 않도록
부모가 먼저 선을 그어야 한다.

초등 시기에 공부가 이벤트였던 아이는
중학교부터 매번 결심부터 해야 한다.

이 차이는 시간이 갈수록 크게 벌어진다.

그래서 초등 시기에는

공부를 잘하게 만들려고 애쓰기보다

공부가 자연스럽게 포함된 하루를 만들어주자.

실천 Tip

- 30분은 "최소한의 시간"으로 정할 것.

  바빠도 30분의 기준을 낮추지 말고, 내용만 가볍게 조정한다. 시간의 길이를 지키는 일이 핵심이다.

- 시작을 쉽게 만들 준비를 해둘 것.

  전날 책상 위에 교재와 연필을 미리 꺼내 둔다. 앉자마자 바로 시작할 수 있게 환경을 단순화한다. 공부 전 5분은 방 정리 시간으로 한다.

- 끝난 직후 바로 표시하게 할 것.

  달력이나 체크표에 표시를 남긴다. 눈에 보이는 연속 기록이 스스로를 움직이게 만든다.

3

앞서가는 공부보다, 끊기지 않는 공부

"흐름을 끊지 않는 일관성이 결국 격차를 만든다. 엄마가 매일 같은 자리에 서 있을 때, 아이도 자기 자리를 지키는 법을 배운다. 초등 시기의 성공은 멈추지 않는 힘을 기르는 데 있다."

초등 시기에는 많은 규칙이 필요하지 않다.
오히려 규칙이 많을수록 아이도, 부모도 지친다.
중요한 것은 규칙을 조금만 정하고,
그 규칙을 몇 년간 흔들림 없이 유지하는 일이다.

첫 번째는 공부를 '협상의 대상'으로 두지 않는 것이다.
"오늘은 힘들어 보여서 쉬게 할까?"라는 고민이 반복되면,
공부는 해야 하는 일이 아니라 기분에 따라 조정되는 일이 된다.

초등 시기에는 분량을 줄일 수는 있어도,
공부 자체를 빼는 선택은 만들지 않는 것이 좋다.

공부는 "하면 좋고 안 해도 되는 일"이 아니라
"하루의 기본값"이라는 인식을 심어야 한다.

두 번째는 기준의 일관성이다.
어제는 엄격하고, 오늘은 느슨하고,
엄마의 기분에 따라 기준이 달라지면
아이에게 남는 것은 규칙이 아니라 '엄마의 감정'이다.
이때 아이는 기준을 지키는 법이 아니라
엄마의 눈치를 읽는 법을 배우게 된다.

세 번째는 결과보다 태도를 먼저 평가하는 것이다.
초등 시기에는 100점을 받는 것보다
"끝까지 앉아 있었다.",
"틀린 문제를 다시 풀어보았다.",
"하기 싫어도 시작했다."는 경험이 더 중요하다.
이 태도가 중학교와 고등학교에서 실력으로 전환된다.

네 번째는 부모의 불안을 관리하는 것이다.
아이들은 말보다 분위기를 먼저 읽는다.
"왜 이렇게 푸는 게 늦어?"
"다른 애들은 벌써 다 했다던데."
이런 말은 아이에게 공부를 능력의 문제가 아니라

엄마를 만족시키는 도구로 바꿔버린다.

그 도구는 꾸준함을 읽고 필요할 때만 사용된다.

따라서 초등 시기에는 속도보다 안정감이 먼저다.

결국 초등 시기의 핵심은

아이를 앞서가게 만드는 것이 아니라

흐름을 끊기지 않게 만드는 일이다.

엄마의 역할은 끌어당기는 사람이 아니라

기준을 지켜주는 사람이다.

실천 Tip

- 공부는 '무조건 하는 것'으로 정한다.

  아이가 힘들어 보이면 시간을 30분에서 15분으로 줄일 수는 있지만, "오늘은 안 해도 돼."라는 말은 하지 않는다. 공부는 양이 아니라 끊기지 않는 것이 핵심이다.

- 규칙은 종이에 써서 눈에 보이게 둔다.

  "평일 7시~7시 30분 공부", "공부 후 놀이"처럼 가정의 기준을 벽에 붙여두면 엄마의 기분이 아니라 '집의 규칙'으로 인식된다.

- 남과의 비교 대신 '어제의 너'와 비교한다.
  "지난주보다 빨리 끝냈네.", "전보다 집중이 길어졌네."처럼 기준을 외부가 아니라 아이 자신에게 둔다. 자기 성장의 감각이 생긴다.

4

선행은 속도가 아니라 친숙해짐이 목표다

"선행의 목적은 앞서가는 것이 아니라 처음 만났을 때 덜 무섭게 만드는 것이다. 선행을 욕심이라 비난하는 동안, 아이는 준비 없이 첫 충격을 맞는다. 낯섦의 공포를 줄여주는 과정으로 생각하자. 어차피 선행은 피할 수 없다."

선행학습을 이야기하면
많은 부모가 먼저 떠올리는 것은 '속도'다.
입시 현장에서 보면 선행의 가치는 친숙함
또는 익숙해짐이다.

처음 보는 개념과 한 번이라도 접해본 개념은
아이의 반응이 다르다.

특히 수학에서 이 차이는 분명하다.
선행을 '진도 경쟁'으로 한 아이는

조금만 어려워져도 "이건 아직 배운 게 아니에요."라고 말한다.

반면 선행을 '익숙해지는 과정'으로 경험한 아이는
"예전에 본 적은 있어요."라며 다시 생각해 보려 한다.

이 태도의 차이가
중학교, 고등학교로 갈수록 크게 벌어진다.
완벽하게 이해하지 않아도 괜찮다.

"이런 게 있구나."
"나중에 다시 만나겠구나."
라는 기억이 남으면 충분하다.

선행을 하면서 아이에게 '지금 당장 잘해야 한다'는
부담을 주는 순간, 선행은 독이 된다.

좋은 선행은 아이에게 불안을 줄여준다.
처음 듣는 설명 앞에서 얼어붙지 않게 하고,
처음 보는 문제에서 포기하지 않게 한다.

따라서 초등 시기의 선행은
속도를 자랑하는 일이 아니라

미래의 공부를 덜 두렵게 만들어주는 준비여야 한다.

지금 이 선행이
다시 만났을 때 친숙함이나 익숙함을 만들어준다면,
그 선행은 충분히 의미가 있다.

 **실천 Tip**

- 선행은 "다 이해하기"가 아니라 "한 번 만나보기"로 목표한다.

  끝까지 완벽히 풀게 하기보다, 개념을 읽고 예제 한두 개만 풀

  어보게 한다. 낯설지 않게 만드는 것이 목표다.

- 모르면 멈추지 말고 표시만 하게 한다.

  이해가 안 되는 부분은 별표만 치고 넘어가게 한다. 다시 만났

  을 때 "아, 여기였지!"라는 기억이 남으면 충분하다.

- 시험처럼 확인하지 않는다.

  선행 내용을 바로 테스트하지 않는다. 점수로 확인하면 선행을

  경쟁으로 여겨 부담이 된다.

- "예전에 본 적 있지?"라는 말을 자주 사용한다.

  학교에서 배울 때 이 기억이 불안을 낮춘다. 익숙함은 자신감으

  로 이어진다.

5

선행을 힘들어하는 아이라면 더 느슨하게

"선행의 기준은 속도가 아니라 어려움 앞에서 아이가 버틸 수 있는가에 있다. 틀림을 실패로 받아들이는 아이에게 선행은 좌절을 앞당기는 선택이 된다."

선행은 결과에 민감하고 실패에 취약한 아이에게는 부담이 된다.

문제를 풀다 막히면
스스로 다시 생각하기보다 곧바로 도움을 요청하거나 포기하고,
틀린 문제를 '못한다는 증거'로 받아들이는 아이에게
선행은 친숙함이 아니라 좌절을 앞당기는 경험이 되기 쉽다.

반대로 선행이 잘 맞는 아이는 문제를 틀려도 크게 흔들리지 않고
"아직 모르네" 정도로 받아들인다.
넘어갔다가 다시 돌아오는 과정을 자연스럽게 여긴다.
이 아이에게 선행은 압박이 아니라 탐색이다.

따라서 먼저 결정해야 할 것은
"선행을 할 것인가"가 아니라
"이 아이가 앞선 내용을 만났을 때 어떤 반응을 보이는가"다.

불안해하는지,
아니면 "어렵지만 흥미롭다."고 말하는지
그 반응이 기준이 된다.

그럼에도 선행을 시키고 싶다면
완성을 목표로 하지 말자.
단원을 끝내는 것이 아니라
개념의 이름과 흐름을 한 번 스쳐 지나가는 정도면 충분하다.

선행의 목적은 깊은 이해가 아니라 낯설음을 줄이는 데 있다.
틀린 문제를 점수로 남기지 말자.
채점표에 X를 쌓는 순간,
선행은 부담이 된다.

어디까지 감을 잡았는지만 확인하면 된다.
또한 선행은 반드시 복습을 병행해야 한다.
앞선 내용을 잠깐 경험했다면
만들어진 익숙함을 확인하게 해야 한다.

그리고 멈출 기준을 정해두자.
짜증, 회피, 불안이 반복되면
그 시점이 중단 신호다.

선행은 빨리 가는 아이를 만드는 도구가 아니다.
"본 적 있다."는 기억으로 두려움을 줄여주는 과정이다.

실천 Tip

- 막혔을 때 5분은 혼자 둔다.

  바로 설명해 주지 않는다. 짧게라도 스스로 붙잡아보는 시간을
  준다. 그 태도가 선행의 기준이다.

- 틀린 문제를 다시 보는 연습을 시킨다.

  선행보다 "다시 보기"가 먼저다. 복습을 견디지 못하면 선행은
  부담이 된다.

- 선행 뒤에는 반드시 성공 경험을 붙인다.

  앞선 내용을 짧게 다뤘다면, 익숙한 문제로 마무리한다. 좌절로
  끝내지 않고 "할 수 있다"는 감각을 남긴다.

6

학원은 만병통치약이 아니다

"관리의 핵심은 아이의 흐름을 놓치지 않으려는 부모의 꾸준한 관심과 점검이다. 수업은 학원이 하지만, 실력은 가정에서 만들어진다. 설명을 듣는 시간과 내 것으로 만드는 시간은 다르다."

아이를 제시간에 학원에 보냈다고 해서 부모의 역할이 끝나는 것은 아니다.
학원은 수업을 제공하는 곳이지, 학습을 완성시키는 곳은 아니다.

학원에서는 개념을 설명하고 문제를 푸는 방법을 알려준다.
그러나 숙제를 실제로 끝까지 했는지,
복습이 이루어졌는지, 틀린 문제를 다시 분석했는지,
공부 태도가 느슨해지고 있지는 않은지까지
모두 책임질 수는 없다.

성과가 기대에 못 미칠 때 많은 부모는 환경을 먼저 바꾼다.

"여기가 안 맞는 것 같아."
"더 유명한 곳으로 옮기면 달라지지 않을까."

그러나 관리가 빠진 상태에서 환경만 바꾸는 것은
책상을 바꾸면서 공부 습관은 그대로 두는 것과 같다.

학원을 몇 번을 옮겨도
아이의 생활 리듬과 자기 점검 습관이 변하지 않으면
결과는 크게 달라지지 않는다.

입시 성과는 강의의 질만으로 만들어지지 않는다.
강의는 출발점이고,
성과는 반복과 점검에서 만들어진다.
이 반복을 설계하는 곳이 가정이다.
중학교가 되어도, 고등학교가 되어도
부모의 관리 역할은 사라지지 않는다.
형태만 달라질 뿐이다.

중고등학생이 되면,
우리 아이가 시험 범위를 정확히 파악하고 있는지,
수행평가 일정은 놓치지 않았는지,
담임 상담에서 어떤 이야기를 해야 하는지,

지원 학과와 전략은 무엇인지까지
고3이 될 때까지 점검은 이어진다.

학원에 맡긴다는 것은
학습의 일부를 위임하는 것이지
책임 전체를 넘기는 일이 아니다.

"크면 알아서 하겠지."라는 기대는 안 하는 게 좋다
현실적으로 대학입시 원서접수까지
이 관리는 필수다.

대학을 학생의 힘만으로 간다는 생각은 큰 오산이다.
선생님의 이끎, 부모님의 관리, 학생의 공부가
통합적으로 작동하여 입시결과를 만든다.

또 하나 놓치기 쉬운 사실이 있다.
학원에 앉아 있었던 시간을
공부 시간으로 계산하는 착각이 위험하다.

학원은 설명을 듣는 시간이다.
설명을 들었다고 해서 이해가 완성되는 것은 아니다.
수업이 끝난 뒤 스스로 다시 정리하고,

혼자 힘으로 문제를 풀어보고,
틀린 부분을 분석하고,
왜 틀렸는지 말로 설명해 보는 과정이 있어야
비로소 지식이 자신의 것이 된다.

결국 입시 결과는
학원의 브랜드가 아니라
가정에서의 점검과 반복이 완성한다.

 **실천 Tip**

- 학원 상담은 미루지 않는다.
  성적이 떨어졌을 때만 찾지 말고, 정기적으로 담당 선생님과 통화하거나 상담한다. "요즘 태도가 어떤가요?"라고 묻는다.
- 학원에 있는 시간을 공부시간으로 계산하지 않는다.
  수업은 '듣는 시간'이다. 복습과 숙제가 이루어졌는지 집에서 다시 확인한다.
- 학교 일정은 아이 말만 믿지 않는다
  수행평가, 시험 범위, 행사 일정을 부모도 함께 확인한다. 매주 한 번 캘린더를 같이 보는 습관을 만든다.

- 학원을 옮기기 전, 이유를 객관적으로 점검한다.
  수업이 어려운 것인지, 숙제가 힘든 것인지, 인간관계 문제인지
  구체적으로 묻고 결정한다.

3장

사고력은 버티는 힘의 원동력

1

과정을 설명하는 아이가 진짜 고수다

"말로 설명하려는 순간, 뇌는 점검을 시작한다. 어디까지 알고 있고, 어떤 부분이 막연한지 드러난다. 설명하다가 막히는 지점이 바로 채우고 보완해야 할 부분이다."

초등 시기, 부모가 아이의 공부를 확인하는
가장 쉬운 방법은 정답이다.
문제를 풀고 맞았는지 틀렸는지를 본다.
맞히면 안심하고, 틀리면 걱정한다.
초등에서는 정답률이 높으면 잘하는 아이로 보인다.
계산이 빠르고, 문제를 많이 풀고, 시험 점수가 좋다.

입시 현장에서 아이들을 오래 지켜보며 분명히 알게 된 사실이
있다.
최상위권 대학에 가는 아이는 답을 많이 맞힌 아이가 아니라
답을 어떻게 찾았는지 '설명'할 수 있는 아이였다.

중학교와 고등학교로 올라가면 문제는 복잡해지고,
여러 개념이 동시에 연결되며, 처음 보는 유형이 계속 등장한다.
이때 차이가 드러난다.

정답 중심으로 공부해 온 아이는 유형이 익숙하면 빠르다.
그러나 조금만 바뀌면 당황한다.
생각의 흐름을 정리하는 습관이 부족하기 때문이다.

반대로 과정을 설명할 수 있는 아이는 다르다.
속도가 조금 느릴 수 있다. 하지만 이렇게 말한다.
"처음에는 이렇게 생각했는데 조건을 다시 보니까 방향을 바꿨어요."
"이 방법도 되지만 이게 더 맞는 것 같았어요."
"여기서 틀렸는데 단위를 확인하지 않은 게 문제였어요."

설명을 하는 순간,
아이의 머릿속에서는 '내가 무엇을 알고 있고 무엇을 모르는지'를
점검하는 과정이 일어난다. 이것이 바로 메타인지다.
이 능력이 약한 아이는 모르는 것도 아는 것처럼 착각하기 쉽다.

메타인지가 활성화되면 아이는 막연히 "아는 것 같아!"라고 생각
하지 않는다.
"여기까지는 이해했는데 이 부분은 헷갈린다."

"이 개념은 알고 있지만 적용이 잘 안된다."
이렇게 스스로 구분한다.

따라서 설명을 해봐야 비로소 자신이 정확히 이해했는지 확인할
수 있다.
설명을 못 하면, 아직 완전히 모르는 상태라는 것이다.
설명할 수 있는 아이는 새로운 문제를 만나도 당황하거나 포기하
지 않는다.

입시에서 변별력을 만드는 문제는 빠르게 맞히는 문제가 아니다.
포기하지 않고 끝까지 해결해야 하는 문제들이다.
그래서 틀려도 다시 붙잡고, 왜 틀렸는지 말로 정리할 수 있는 아
이가 결국 앞선다.

그래서 초등 시기부터 질문을 바꿔야 한다.
"몇 개 맞았어?"가 아니라
"어떻게 생각했어?"다.

과정을 설명하게 하는 질문은 아이의 메타인지를 깨운다.

초등에서 길러야 할 힘은 정답률이 아니다.
생각을 끝까지 밀어보는 힘,

틀려도 다시 시도하는 힘,

그리고 내가 아는 것과 모르는 것을 구분할 수 있는 힘이고,

이 힘은 설명하는 능력으로 만들어지거나 확인된다.

실천 Tip

- "어떻게 생각했어?"를 먼저 묻는다.

  맞고 틀림보다 풀이 과정을 말하게 한다. 답을 말하기 전에 생각의 순서를 설명하게 하자.

- 아이의 말을 끊지 않는다.

  설명이 서툴러도 끝까지 듣는다. 부모가 먼저 정리해 주지 말고, 스스로 말로 표현하게 둔다.

- 풀이 과정을 칭찬한다.

  "맞았네." 대신 "생각을 끝까지 잘했네."라고 말하자. 속도보다 사고의 지속을 인정해 준다.

- 하루 한 문제라도 '말로 풀기' 시간을 만든다.

  종이에 쓰지 않아도 좋다. 입으로 설명하는 연습이 사고를 강하게 만든다.

2

그림책에 익숙한 아이는 지문이 버겁다

"글자책은 취향이 아니라 훈련이다. 초등 시기에 긴 문장을 따라 가본 아이는 중·고등학교의 복잡한 제시문 앞에서 두려움이 없다. 문장에 대한 자신감은 반복적인 접촉에서 나온다. 여러 번 읽고 접할수록 문장은 익숙해지고 이해가 깊어진다."

초등 3학년 이후에는
그림책에서 글자 책으로 넘어가야 한다.
이 변화는 독서 취향의 문제가 아니다.
사고의 능력을 다음 단계로 발전시켜야 하기 때문이다.

그림책은
이미 완성된 정보를
눈으로 받아들이는 독서이다.
보는 순간 이해되고
생각을 오래 붙잡을 필요가 없다.

하지만 초등 3학년부터의 공부는 다르다.
문제는 설명이 아니라 문장으로 제시되고,
읽지 않으면 이해할 수 없다.

이때 필요한 능력은
지식이 아니라 문장을 따라가며
생각을 유지하는 힘이다.

글자책은
이 힘을 처음으로 훈련시키는 도구이다.

천천히 읽고,
이해가 안 되면 반복하고,
끝까지 붙잡는 경험이 공부의 기초 체력을 만든다.

이 전환이 늦어지면
아이들은 책이 어려운 것이 아니라
생각하는 시간이 길어지는 것을
힘들어하게 된다.

그 결과는
중학교 공부에서 긴 지문을 피하고

설명을 끝까지 읽지 못하는 모습으로 나타난다.

하지만 이 영향은 중학교에서 끝나지 않는다.
고등학교 교과서는
개념 하나하나가
긴 설명과 논리로 연결되어 있고,
시험 문항 역시 짧은 질문보다
장문의 제시문을 해석하는 형태로 출제된다.

이때 필요한 힘은
갑자기 만들어지지 않는다.
초등 시기에 글자를 따라가며
생각을 유지해 본 경험이 있는 아이가
고등학교의 교과서와
복잡한 제시문 앞에서도
흔들리지 않는다.

실천 Tip

- 매일 10분 '글자만 있는 책' 시간을 만든다.

  그림이 적은 책을 정해두고, 분량은 짧게라도 꾸준히 읽게 한다.

처음부터 두꺼운 책을 고르지 말자.

■ 모든 문장을 정확히 이해하지 않아도 된다.

막히는 문장은 전후 문장을 통해 유추하는 연습을 한다. 한 문장을 이해하기 위해 지나치게 많은 에너지를 쓰지 않는다.

■ 읽기 시작 전에 '끝나는 날짜'를 정한다.

매일 읽을 최소한의 분량과 언제까지 읽을지 정해둔다. 완주의 감각은 매일 느낄수록 좋다.

3

끝까지 읽은 경험, 공부지구력의 씨앗이 된다

"초등 시기의 한 권 완독은 책을 다 읽었다는 의미뿐만이 아니다.
'길어도 끝이 있다.'는 경험을 몸에 남겨, 공부 지구력을 만드는
연습이다."

글자책으로 넘어갔다면
그다음으로 중요한 것은 읽는 방식이다.

이 단계에서의 독서는
더 이상
이해했는가, 재미있는가의 문제가 아니다.
끝까지 읽을 수 있는가의 문제이다.

책 한 권을 끝까지 읽는 경험은
아이에게 독서량 이상의 의미를 남긴다.

문장을 따라가며
앞에서 읽은 내용을 기억하고,
뒤에 나오는 내용을 예측하며,
생각을 끊지 않고 유지하는 훈련이 된다.

이 과정에서
만나는 단어는 문맥 속에서 반복해서 만나며
자연스럽게 의미가 구체화되고
아이들은 뉘앙스의 개념까지 익힌다.

문장 역시 설명으로 배우는 것이 아니라
읽는 과정 속에서 체화된다.

하지만
이보다 더 중요한 것은
책 한 권을 독파했다는 경험이
아이에게 남기는 자존감이다.

"나는 끝까지 해냈다."
"중간에 힘들어도 마무리할 수 있다."

중학교 이후의 공부는

짧은 내용이 거의 없다.
한 단원, 한 개념, 한 시험까지
모두 일정 시간 이상
집중을 유지해야 한다.

이때
책 한 권을 완독해 본 아이는
공부의 양에 주저하지 않는다.

이미 '길어도 끝이 있다.'는 경험을
체감했기 때문이다.

고등학교에서는
이 차이가 더 분명해진다.
고등학교 학습에서는 지식만큼
지구력을 요구한다.

그래서 이 시기에는
전집 독서가 특히 효과적이다.
한 권으로 끝나는 독서가 아니라
비슷한 분량의 글을 연속해서 읽으며
'공부지구력'을 기를 수 있기 때문이다.

글자책으로 옮긴다는 것은
사고를 여는 일이고,
책 한 권을 끝까지 읽는다는 것은
사고를 끝까지 끌고 가는 훈련이다.

 **실천 Tip**

- **"조금씩 많이"가 아니라 "한 권 완독"을 목표로 한다.**

  분량을 나누더라도 반드시 한 권을 끝까지 읽게 한다. 중간에 다른 책으로 갈아타지 않는다.

- **모르는 단어에 멈추지 않는다.**

  뜻을 모두 찾게 하지 말고 문맥으로 추측하게 둔다. 흐름을 끊지 않는 것이 더 중요하다. 체크를 해 놓은 뒤 한번에 찾아본다.

- **전집은 '연속 읽기'로 활용한다.**

  한 권을 마치면 바로 다음 권으로 이어간다. 비슷한 구성과 밀도의 글을 읽으며 익숙함을 유지한다.

- **완독 후 반드시 한 문장으로 말하게 한다.**

  "이 책은 결국 무슨 이야기였어?"를 묻는다. 끝까지 읽고 생각을 정리하는 경험을 남긴다.

4

초등은 사고력을 만드는 마지막 골든타임

"초등은 사고력을 심는 시기다. 중고등은 그 열매를 수확하는 시기다. 초등 사고력은 선택이 아니라 이후 6년 학습을 이끄는 기반이다."

초등 시기에 사고력을 이야기하면,
많은 부모는 '머리가 좋은 아이'를 떠올린다.
즉, 타고난 능력의 영역으로 받아들이는 경우가 많다.

그러나 입시 현장에서 말하는 사고력은 지능이 아니다.
사고력은 어려운 상황에서도 생각을 멈추지 않는 힘,
공부를 붙잡고 포기하지 않는 힘에 가깝다.

초등 저학년에서 사고력이 중요한 이유는,
초등 고학년부터 '정답을 맞히는 공부'가
'이해하려는 공부'로 넘어가야 하기 때문이다.

이때 사고력이 만들어지지 않으면,
아이는 문제를 틀리는 순간 멈추기 쉽다.
다시 읽어보지 않고, 다른 방법을 떠올리지 않으며,
곧바로 도움을 요청하거나 포기한다.

사고력이 있는 아이는 다르다.
왜 틀렸는지를 생각하고, 설명을 다시 읽고, 다음 문제에 적용해
본다.
이 아이가 특별히 똑똑해서가 아니라
생각을 이어가는 습관이 몸에 배어 있기 때문이다.

이 습관은, 초등 시기에 부모가 정답보다 과정을 묻고,
속도보다 이해를 기다려줄 때 만들어진다.

문제는 많은 가정에서 사고의 과정을
부모가 대신 처리해 준다는 점이다.
아이가 막히면 바로 힌트를 주고, 설명해 주고, 정리해 준다.

중학교, 고등학교로 갈수록 문제는 어려워지고,
노력 대비 결과가 바로 나오지 않는다.

이때 사고력이 부족한 아이는 '더 열심히'보다 '그만두기'를 먼저

선택한다.

반대로 사고력이 있는 아이는 속도가 느려도 방향을 잃지 않는다.

특히 사고력은 사춘기 회복시간을 줄인다.

감정의 불안을 사고력으로 통제할 수 있기 때문이다

실천 Tip

- 틀려도 분위기를 바꾸지 않는다.

  표정, 한숨, 말투가 아이의 사고를 멈춘다. 틀린 순간에도 평소
  와 같은 톤을 유지하자.

- "엄마도 잘 모르겠는데, 같이 생각해 볼까?"라고 말한다.

  부모가 답을 아는 사람의 위치에 서면 아이는 수동적으로 변한
  다. 모르는 척이 아니라 함께 탐구하는 자세가 사고를 열어준다.

- 아이에게 설명을 부탁한다.

  "네 생각을 엄마에게 가르쳐줘."라고 말하면 아이는 위축되지
  않는다. 설명하는 순간 사고가 정리된다.

- 답을 평가하지 말고 생각을 환영한다.

  "그렇게 생각했구나."라는 한 문장이 아이를 지켜준다. 안전하다
  고 느낄 때 사고력이 깊어진다.

5

AI 시대의 필수 언어는 수학이다

"AI 시대에 필요한 능력은 새로운 기술을 빨리 배우는 힘이 아니다. 세상을 수치와 알고리즘으로 이해하는 힘이다. 그 힘을 가장 오래, 가장 깊게 훈련시키는 과목이 수학이다. 수학이 인공지능을 가동시키는 알고리즘의 언어이기 때문이다."

요즘 아이들 교육 이야기를 하다 보면 빠지지 않는 단어가 있다. 바로 인공지능AI이다.

"앞으로는 AI 시대니까 코딩을 해야 한다더라."

"이제는 창의력이 더 중요하지 않을까요?"

이 말은 틀리지 않다. 그러나 한 가지 빠진 전제가 있다.

AI 시대일수록 수학은 더 중요해진다는 사실이다.

많은 사람이 AI를 사람처럼 '스스로 생각하는 존재'로 오해한다.

그러나 AI는 인간이 만든 알고리즘과 수식 안에서만 움직인다.

스스로 직관을 가지는 것이 아니라

데이터를 수학적 규칙에 따라 계산할 뿐이다.

사진을 인식하는 과정도 마찬가지다.
사람은 "고양이 같다."고 직관적으로 말하지만,
AI는 픽셀값을 숫자로 바꿔 확률을 계산한다.

문장을 이해할 때도, 취향을 추천할 때도,
음성을 인식할 때도,
결국 모든 정보는 숫자로 변환된다.

AI에게 세상을 설명하는 언어는
국어도 영어도 아니라 수학이다.

그래서 AI를 설계하는 사람들,
AI를 활용해 문제를 해결하는 사람들은
공통적으로 수학적 사고를 가지고 있다.

수학적 사고란 단순 계산 능력이 아니다.
다음 질문을 던질 수 있는 힘이다.
"왜 이렇게 되는 거지?"
"조건이 바뀌면 결과는 어떻게 달라질까?"
"이 방식을 다른 문제에도 적용할 수 있을까?"

이 질문은 모두 전체를 보는 힘에서 나온다.
공식을 외우는 것이 아니라
원리를 이해하고 일반화하는 능력이다.

AI 시대는 암기형 인재보다,
시스템을 만들거나 재설계할 수 있는 인재를 요구한다.
그리고 그 출발점이 수학이다.

실천 Tip

- 계산보다 "왜?"를 묻게 한다.

  문제를 맞혔는지보다, "왜 이렇게 되는지 설명해 볼래?"라고
  묻는다. 설명할 수 없다면 아직 이해가 완성되지 않은 것이다.

- 조건을 바꿔보는 연습을 시킨다.

  문제를 풀고 나서 "숫자가 달라지면?", "공식이 아니라 그림으
  로 설명하면?"처럼 변형 질문을 던지면 이해의 깊이가 깊어
  진다.

- "틀린 문제를 다시 푸는 시간"을 따로 만든다.

  하루에 10문제를 새로 푸는 대신, 틀린 3문제를 다시 푸는 시
  간을 따로 정한다. "왜 틀렸는지"를 스스로 말로 설명하게 하면
  이해가 쌓인다. 수학은 양보다 복기가 실력을 만든다.

- "한 번에 오래"가 아니라 "짧게, 매일"로 바꾼다.

  수학이 힘든 아이에게 1시간 몰아서 하기보다, 20~30분만 정해진 시간에 매일 하게 한다. 수학은 감각이 끊기지 않는 것이 중요하다.

4장

'잘하는 아이'보다 '다시 하는 아이'를 만들자

1

부모의 과한 사랑은 아이에게 독이다

"쉬게 해주는 한 번의 허락이, 아이에게는 '힘들면 멈춰도 된다.'는 기준이 된다. 관대한 면제가 반복되면 공부는 선택이 되고, 선택이 된 공부는 지속력을 잃는다."

부모는 아이에게 관대해지고 싶다.
힘들어 보이면 쉽게 해주고 싶고, 울면 한 번쯤은 봐주고 싶다.
"아직 어리니까.",
"아이들 좀 쉽게 해 주고 싶어서."라는 말은
부모의 마음을 가장 잘 드러내는 문장이다.

그러나 입시 현장에서 아이들을 오래 지켜보면,
아이의 성과가 만들어지지 않는 가장 흔한 이유는
능력 부족이 아니라 기준의 흔들림이다.
그 기준이 흔들리는 출발점이 대개 부모의 선의다.

아이가 숙제를 하다 말한다.
"너무 어려워."
"오늘은 컨디션이 안 좋아."

이때 부모가 "그래, 오늘은 쉬어." "무리하지 마."라고 말하면,
말 자체는 따뜻하지만 아이에게 남는 메시지는 단순하다.

'힘들면 중단해도 되는구나.'
부모가 허락한 포기는 아이의 마음을 편하게 해주지만,
동시에 공부를 '선택'으로 바꿔버린다.

한 번 허락된 포기는 두 번째부터는 협상의 소재가 되고,
세 번째부터는 습관이 될 수 있다.

아이가 지쳐 보이면 넘어가고,
집안 일정이 있으면 미루고,
분위기가 안 좋으면 건너뛴다.

그렇게 하루하루의 '작은 예외'가 쌓이면
아이에게 남는 것은 공부가 아니라 예외의 기준이다.
이때 부모가 착각하기 쉬운 지점이 있다.
쉽게 해준 하루가 아이를 회복시키는 것처럼 보일 수 있다.

하지만 실제로는 회복이 아니라 '시작의 에너지'를
더 힘들게 만드는 경우가 많다.

공부는 시작이 제일 어렵다.
책을 펴고 앉는 데 가장 큰 힘이 들고,
흐름이 생기면 유지가 쉬워진다.

그런데 자꾸 끊기면 아이는 매번 처음부터 다시 출발한다.
결국 공부는 아이에게 "늘 새로 시작해야 하는 일", "늘 무거운 일"
이 된다.

중학교로 올라가면 이 부작용은 더 뚜렷해진다.
시험범위가 넓어지고, 수행평가가 늘고, 과목 수도 많아진다.
'힘들면 멈춰도 된다.'는 습관이 이미 몸에 배어 있으면,
아이는 어려움 앞에서 방법을 만들기보다,
멈추는 쪽을 먼저 선택한다.

고등학교에서는 더 냉정해진다.
누적이 벌어지고, 한 번의 공백이 연쇄적으로 이어진다.
수행평가를 놓치고, 내신이 흔들리고,
그 결과로 자신감이 떨어지고, 다시 공부가 무거워진다.

그래서 공부에서 가장 중요한 것은 의욕도 재능도 아니다. 기준이다.
기준이란 "할지 말지"를 매일 묻지 않게 만드는 장치다.

부모의 관대함이 필요한 순간도 있다.
다만 관대함은 '면제'가 아니라 '조절'이어야 한다.
쉽게 해주는 방식이 아니라 줄여서라도 끝내게 하는 방식이어야
한다.

그래야 아이는 배운다.
힘든 날에도 완전히 멈추지 않는 법을,
어렵더라도 기준을 지키는 법을.
그 힘이 결국 중학교를 견디고 고등학교를 완주하게 만든다.

실천 Tip

- "오늘은 쉴까?" 대신 "얼마만큼 줄일까?"라고 묻는다.
  완전 면제가 아니라 분량 조정으로 기준을 지킨다. 공부를 할지
  말지가 아니라 어떻게 할지를 결정하게 하자.
- 최소 기준을 미리 정해둔다.
  컨디션이 나쁜 날에도 지켜야 할 '최소 10분, 최소 1문제' 같은

최소기준을 만들어둔다. 최소기준이 관성을 멈추지 않게 만든다.

- 포기 요청은 바로 답하지 않는다.

"왜 어려운지 설명해 볼래?"라고 한 번 더 생각하게 한다. 감정이 아니라 사고를 거치게 만드는 장치다.

- 공부를 일상에 포함시키면 시작이 쉽다.

외출 전 20분, 귀가 후 15분이라도 공부를 하는 시스템을 만든다. 완전 공백은 다음 날의 시작을 더 무겁게 만든다.

2

아이에게 더 큰 도움은 사랑이 아니라 기준이다

"사랑은 아이를 따뜻하게 만들지만, 규칙은 아이를 다시 책상에 앉게 만든다. 기준은 세우는 것이 아니라 어겨졌을 때 어떻게 대응하느냐가 핵심이다."

아이를 키우는 부모라면 누구나 한 번쯤 이런 순간을 겪는다.
아이를 사랑하지만, 동시에 화가 나는 순간이다.
특히 아이가 공부를 놓고 놀기만 할 때
부모의 감정은 쉽게 격해진다.

"그럴 거면 학원 다 끊어버리자."
이 말은 낯설지 않다.

사실 많은 부모가 한 번쯤은 느껴봤을 감정이다.
하지만 이 선택은 해결이 아니라 위협에 가깝다.
학원을 끊는다고 태도가 바뀌는 것은 아니다.

오히려 아이를 붙잡아주던 최소한의 끈이 사라지면서
다시 공부를 시작하는 일이 더 어려워진다.

공부는 멈추는 것보다,
다시 시작하는 것이 훨씬 힘들다.
그래서 중요한 것은 감정을 이겨내는 힘이다.

이 갈등은 초등이라서 생기는 문제가 아니다.
중학생, 고등학생이 되면
겉으로 드러나지 않을 뿐,
훨씬 더 복잡한 형태로 반복된다.

초등 시기는
이 감정의 고비를 연습해 보는 시간이다.
부모가 감정으로 결정하지 않고,
아이도 감정에 끌려가지 않도록
가정 안에 기준을 세워두는 연습이다.
그 기준이 바로 규칙이다.
"앉을 시간에는 앉는다."
"줄이더라도 끝은 본다."
이렇게 미리 정해둔 약속이 있으면
감정이 올라오는 순간에도

선택은 기준에 맡길 수 있다.
사랑은 아이를 이해하는 힘이고,
규칙은 아이를 다시 자리로 돌려놓는 힘이다.

아이를 무너지지 않게 하는 것은
강한 통제가 아니라
감정을 넘어선 일관성이다.

초등 시기에 이 연습을 해둔 가정은
중고등학교의 더 큰 갈등 앞에서도 회복의 속도가 크다.

결국 아이를 지키는 힘은
부모의 분노가 아니라
사랑 위에 세워진 규칙이다.

실천 Tip

- 감정이 올라올 때는 바로 결정하지 않는다.

  학원, 휴식, 규칙과 관련된 결정은 그 자리에서 내리지 않는다.

  최소 하루 뒤에 다시 말한다.
- "중단" 대신 "조정"을 선택한다.

공부를 아예 끊지 말고 분량을 줄여서라도 유지한다. 흐름을 남기는 것이 핵심이다.

- 미리 정한 규칙을 문장으로 적어둔다.

"앉는 시간은 지킨다.", "줄여도 끝은 본다."처럼 가정의 기준을 눈에 보이게 둔다.

- 미리 "후속 조치"를 마련한다.

약속을 지키지 못했을 때의 결과를 사전에 합의해 둔다. 그 약속을 감정과 상관없이 실행한다.

3

칭찬중독에 걸린 아이들, 학교적응이 힘들다

"칭찬에 익숙해지면 지적은 비난으로 들린다. 학원에서 칭찬을 들었다면, 학교에서는 지적을 받는 법을 배우게 하자. 학교는 달래는 곳이 아니라 평가하는 곳이기 때문이다."

초등 입학 전까지
아이들은 대부분 학원 선생님을 먼저 만난다.
학원은 학부모로부터 선택을 받는 공간이다.
관계를 유지하는 것이 중요하다.
그래서 칭찬이 중심이 된다. "잘했어." "가능성이 있어." "조금만 더 하면 돼."

아이들은 자연스럽게 칭찬 속에서 공부한다.
문제는 이 칭찬이 기준이 되어버릴 때다.

칭찬에 익숙해진 아이는 지적을 비난으로 받아들이기 쉽다.

조언을 간섭으로 느끼기도 한다.

초등학교에 가면 칭찬은 줄어든다.
학교 교사는 아이를 만족시키는 사람이 아니라
관찰하고 기록하는 사람이기 때문이다.

수업 태도, 집중력, 책임감, 또래 관계.
모든 것이 기록의 대상이 된다.
"왜 우리 아이는 칭찬이 없죠?"
"좋은 말로 써주시면 안 되나요?"

이 질문은 학교의 역할을 학원처럼 오해한 데서 나온다.
학교는 감정을 달래주는 공간이 아니라
객관적으로 기록하는 공간이다.
이 차이를 이해하지 못하면 아이 안에 불만이 쌓인다.

"왜 선생님은 나를 안 좋아하지?"
"왜 나만 지적하지?"
학교는 '좋게 말해주는 곳'이 아니라
'있는 그대로 보여주는 곳'이기 때문이다.

그래서 초등 시기부터 필요한 태도는

칭찬을 기대하는 자세가 아니다. 지적에 익숙한 태도다.

지적을 들었을 때 "왜 나만?"이 아니라
"그럼 무엇을 바꾸면 될까?"라고 묻는 연습이다.
이 연습이 되어 있지 않으면 고등학교에 가서
지적을 감정으로 받아들이고, 선생님을 피하고,
관계를 스스로 좁혀버린다.
물론 입시는 고등학교에서 결정된다.

그러나 교사와 건강한 관계를 맺는 태도는 초등에서부터 훈련
된다.
건강한 관계는 선생님의 지도를 따르고
칭찬뿐만 아니라 잘못도 겸허히 인정하고 고치는 데서 시작된다.

칭찬에 중독된 아이보다,
관찰을 받고 잘못을 수정하는 연습이
초등부터 필요하다.

- 학원 칭찬을 그대로 학교 기준으로 해석하지 않는다.

  "학원에서는 잘한다 했는데 왜 지적하지?"라고 생각하지 않는다. 공간이 다르면 기준도 다름을 알려준다. .

- 지적을 들으면 감정보다 행동을 묻게 한다.

  "속상했겠다." 다음에 "그래서 다음엔 어떻게 해볼까?"를 붙인다. 불만을 수정 계획으로 바꾸는 연습이다.

- 부모의 연락은 '항의'가 아니라 '조율'을 목적으로 한다.

  "아이에게 어떤 점을 더 지도하면 좋을지 여쭙고 싶다."는 방식으로 접근하고 감정을 쏟지 않는다.

- 아이가 선생님과 맞서지 않도록 언어를 정리해 준다.

  "왜 저만 혼내세요?" 대신 "앞으로 어떻게 하면 좋을까요?"라고 말하는 연습을 시킨다. 충돌이 아니라 해결을 위한 표현을 가르친다.

4

대학에 대신 갈 수 없다면, 대신 싸워주지도 마라

"'엄마가 해결해 줄 것'이라는 기대는 입시에서 가장 위험한 착각
이다, 문제를 대신 해결해 준 만큼 아이의 책임 근육은 약해진다,
입시는 아이가 100% 혼자 감당해야 하는 일이다."

아이들은 집에 돌아오면 그날 있었던 일을 말한다.
선생님에게 지적을 받은 일, 친구와 다툰 일,
억울하다고 느낀 순간을 그대로 꺼낸다.
이 자체는 건강한 신호다.
문제는 부모가 그 말을 '사실의 전부'로 받아들이는 순간부터 시작
된다.

부모가 아이의 해석을 곧바로 결론으로 받아들이고
바로 담임에게 전화하거나, 단체 대화방에서 의견을 모으거나,
학원을 옮기거나, 상대 부모에게 항의하기 시작하면
아이의 머릿속에는 하나의 생각이 만들어진다.

“불편하면 엄마 아빠가 해결해 준다.”
“내가 바뀌지 않아도 상황은 바뀐다.”
처음에는 작은 문제일 수 있다.

숙제 지적 한 번, 수행평가 점수 하나, 친구와의 오해 한 번.
하지만 그때마다 부모가 대신 정리해 주면
아이는 점점 스스로 설명하고, 사과하고, 조정하는 경험을 하지
못한다.
이 경험이 쌓이면 사고방식이 달라진다.

갈등이 생기면 먼저 자신을 돌아보기보다
“선생님이 공평하지 않다.”, “문제가 이상하다.”,
“환경이 나를 방해한다.”
라고 해석하는 습관이 생긴다.

공부에서도 그대로 드러난다.
성적이 기대만큼 나오지 않으면
공부 방법을 점검하기보다 학교 탓, 시험 난이도 탓, 학원 탓을 먼
저 꺼낸다.

학원에서 조금만 불편해도
“여기랑 안 맞는 것 같아요.”라고 말하고

부모는 또 다른 환경을 찾아 나선다.

그러나 학원을 옮긴다고 태도가 바뀌는 것은 아니다.
환경만 바뀌고, 아이의 문제 해결 능력은 그대로 남는다.
그 결과 공부의 흐름은 계속 끊기고, 누적은 만들어지지 않는다.

더 중요한 문제는 그다음 단계다.
어릴 때부터 부모가 문제를 대신 해결해 준 경험이 반복되면
아이의 기대 수준이 높아진다.

중학교에서는 생활 문제를,
고등학교에서는 내신 문제를,
학원 선택을, 수행평가 갈등을,
모두 부모가 정리해 주었다면
아이의 머릿속에는 이런 인식이 자리 잡는다.

"결정적인 순간에도 부모님이 해결해 줄 것이다."

그런데 입시는 다르다.
수능 점수는 대신 받아줄 수 없고,
학생부는 대신 써줄 수 없으며,
최종 합격 여부는 누구도 바꿔줄 수 없다.

이때 처음으로 부모가 해결해 줄 수 없는 영역을 만나면
아이의 반응은 두 갈래로 나뉜다.

하나는 무력감이다.
"왜 나를 도와주지 않지?", "왜 나 혼자 책임져야 하지?"

다른 하나는 원망이다.
"지금까지는 다 해줬잖아요.", "왜 입시는 해결해 주지 않는 거죠?"

부모가 대신 해결해 준 경험이 많을수록,
입시 앞에서의 충격은 더 크다.
스스로 선택하고, 스스로 감당하는 훈련이 되어 있지 않기 때문
이다.

그래서 아이의 말을 존중한다는 것은
무조건 믿어주고 대신 싸워주는 것이 아니다.
"그렇게 느낄 수는 있겠다."
라고 감정을 인정한 뒤,

"그 상황에서 네가 할 수 있는 선택은 뭐였을까?"
"다음에는 어떻게 말해볼 수 있을까?"
라고 묻는 과정이 필요하다.

이 질문을 반복해서 경험한 아이는
갈등을 '억울함'으로 끝내지 않고
'조정해야 할 문제'로 바라본다.

대학입시는
누가 대신 선택해 주거나 책임져주는 제도가 아니다.
스스로 판단하고, 스스로 준비하고,
그 결과를 스스로 받아들이는 과정이다.

지나친 보호는
당장은 아이를 지켜주는 것처럼 보이지만
결국 입시라는 가장 큰 무대에서
아이를 홀로 서게 만들 준비를 늦춘다.

아이를 돕는다는 것은
문제를 대신 없애주는 일이 아니라
문제를 다루는 힘을 키워주는 일이다.

- 아이의 말에 바로 행동하지 않는다.

  그날 바로 전화하거나 항의하지 말고, 최소 하루는 기다린다. 감정이 가라앉은 뒤 판단한다.

- "그래서 넌 어떻게 할 거야?"를 먼저 묻는다.

  해결 방법을 부모가 제시하지 않는다. 아이가 스스로 선택지를 만들어 작은 문제라도 본인이 결정하게 한다.

- 부모 개입의 기준을 정해둔다.

  폭력, 안전 문제처럼 반드시 개입해야 할 상황과 아이가 스스로 해결해 볼 수 있는 상황을 구분한다. 모든 갈등에 개입하지 않는다.

- 학원 이동은 마지막 카드로 남겨둔다.

  불편함이 생겼을 때 바로 옮기지 말고, 일정 기간 버텨보게 한다. 환경을 바꾸기 전에 선생님과 아이의 태도를 정확하게 확인한다.

5장

체력과 부모 한목소리의 중요성

1

운동으로 기른 체력이 책상에서도 통할 거라는 착각

"근육이 강하다고 집중을 오래 하는 건 아니다. 오래 생각하고, 틀린 이유를 찾고, 끝까지 마무리하는 힘은 운동장이 아닌 책상 앞에서 길러진다."

아무리 머리가 좋아도 쉽게 피로해지면
좋은 성과를 내기 어렵다.
이해는 빠른데 오래 가지 못하고, 계획은 세우지만 끝까지 지키지
못한다.

공부는 번뜩임으로 끝나는 일이 아니다.
한 문제를 오래 붙잡고, 긴 지문을 읽고, 개념을 연결하고,
틀린 것을 다시 고치는 과정이 반복된다.

이 반복을 견디는 힘은 지능이 아니라 체력이다.
공부에 필요한 체력은 집중력, 회복력, 지구력이다.

두세 시간을 흐름이 끊기지 않고 유지하는 힘,
시험을 망쳐도 다음 날 다시 앉을 수 있는 힘,
학기 말까지 페이스를 유지하는 힘이다.

여기서 많은 부모가 착각한다.
"야구도 하고, 축구도 하고, 체력은 좋은 편이에요."

그러나 운동 체력과 공부 체력은 다르다.
운동은 순간 폭발력과 순발력을 요구한다.
경기는 끝이 분명하고, 몸은 움직이며 에너지를 분출한다.

공부는 정반대다.
움직이지 않고 오래 앉아 있어야 하고,
눈과 뇌를 계속 사용해야 하며,
결과가 바로 나오지 않아도 흐름을 유지해야 한다.

운동을 잘한다고 긴 글을 끝까지 읽는 힘이 생기지는 않는다.
달리기를 잘한다고 시험지 몇 장을 차분히 정독하는 힘이 만들어
지지 않는다.

물론 운동은 필요하다.
수면을 안정시키고 스트레스를 낮추는 데 도움을 준다.

하지만 운동 자체가 공부 체력을 대신해 주지는 않는다.

야구와 축구에 많은 시간을 쓰면서
"그래도 체력은 좋으니 공부는 나중에 해도 된다."라고 생각하는
순간, 아이의 공부 체력은 따로 길러지지 않는다.

공부 체력은 공부로 만들어진다.
앉아 있는 시간, 생각을 유지하는 시간,
지루함을 통과하는 시간이 쌓여야 생긴다.

어릴 때부터 중요한 것은
근육을 키우는 시간이 아니라
집중을 유지하는 시간을 늘려가는 연습이다.

공부를 잘하는 아이들은 특별히 더 똑똑해서가 아니다.
남들보다 더 오래 생각했고,
실패를 경험했다가 더 빨리 돌아왔고,
끝까지 마무리해 본 경험이 많았을 뿐이다.

공부를 잘하고 싶다면
폭발력보다 유지력을 먼저 길러야 한다.
근육보다 먼저 뇌의 에너지 관리 능력을 만들어야 한다.

공부는 머리 싸움이 아니라
견디는 싸움이기 때문이다.

- 취침·기상 시간을 정하고 지킨다.

  주말에도 바꾸지 않는다. 뇌의 리듬이 일정해야 집중 시간이 늘어난다.

- 하루 한 번 '집중 시간'을 만든다.

  처음에는 40분, 이후 60분, 90분으로 늘린다. 끊지 않고 집중하는 시간을 훈련한다.

- 마무리하는 연습을 시킨다.

  분량을 줄이더라도 반드시 마무리하게 한다. 시작보다 '완료 경험'을 쌓는 것이 지구력을 만든다.

스포츠 활동의 가치는 회복하는 법을 배우는 데 있다

"스포츠 활동의 가치는 이기는 기술이 아니라 지고도 다시 준비하는 태도를 몸으로 익히는 데 있다. 공정한 규칙 아래에서 지는 경험을 해본 아이는 시험에서 몇 번의 실패로 쉽게 흔들리지 않는다."

그렇다고 스포츠 활동이 의미 없다는 말은 아니다.
청소년기 스포츠 활동의 가치는 매우 크다.

다만 그 가치는 운동 실력에만 있지 않다.
기록을 단축하고, 기술을 익히고,
경기에서 이기는 것에만 있는 것이 아니다.

진짜 가치는 경쟁을 몸으로 먼저 경험하게 하는 데 있다.
스포츠에서는 이기기도 하고, 지기도 한다.

연습을 많이 했어도 질 수 있고,

최선을 다했는데도 결과가 따르지 않을 수 있다.

이 과정에서 아이는
공정한 규칙 아래에서 겨루는 경험을 한다.

열심히 했다고 항상 이기는 것은 아니라는 사실.
졌다고 해서 자기 가치가 사라지는 것은 아니라는 사실.
경쟁은 감정이 아니라 태도로 받아들여야 한다는 사실.
을 배운다.

이 경험은 공부에서 매우 중요하다.
시험도 마찬가지다.
노력과 결과가 정확히 일치하지 않을 때가 있다.
스포츠에서 경쟁을 경험한 아이는
"이번엔 졌지만, 다음엔 준비를 바꿔보자."
고 생각한다.

그래서 청소년기에 스포츠를 경험하게 하는 것은
정의로운 경쟁을 몸으로 배우게 하는 데 큰 도움이 된다.

다만 그 경험은 '느낄 정도'면 충분하다.

아이에게 필요한 것은
메달이 아니라 경쟁 속에서도 자기 리듬을 지키는 힘이기 때문이다.

💡 실천 Tip

- 승패보다 과정을 중요하게 생각한다.

  경기 후 "이겼어?" 대신 "어떤 점을 잘했고, 무엇을 바꾸고 싶어?"
  라고 묻는다. 결과가 아니라 과정을 분석하게 한다.

- 경기 직후 바로 분석하지 않는다.

  흥분이 가라앉은 뒤에 돌아보게 한다. 감정이 정리되면 더 객관
  적으로 바라볼 수 있다.

- 패배를 변명으로 넘기지 않게 한다.

  "심판이 이상했어!"로 끝내지 않는다. 한 가지라도 본인이 바꿀
  수 있는 요소를 말하게 한다.

- 운동 일정이 공부 리듬을 깨지 않게 않다.

  대회나 훈련이 있어도 기본 공부 시간은 유지한다. '입시'의 관점
  에서, 스포츠가 삶의 중심이 되지 않도록 한다.

3

뇌에 연료를 넣지 않고 학습을 기대하지 마라

"아이를 다그치기 전에, 뇌가 오래 앉아 있을 수 있는 상태인지 먼저 점검해야 한다. 가공식품 위주의 식습관으로는 아이의 감정 조절과 장시간 집중을 기대하기 어렵다."

뇌 발달의 관점에서 보면,
집중력은 마음가짐 이전의 문제다.
"의지를 가져라.", "마음을 다잡아라."
이 말은 틀리지 않다.
하지만 전제가 있는데, 그건 뇌의 바른 작동이다.

아이의 뇌에서는
매 순간 수많은 신경세포가 정보를 주고받는다.
수학 문제를 풀 때도, 글을 읽을 때도, 감정을 조절할 때도
신경세포 사이에서는 끊임없는 신호 교환이 일어난다.
이때 사용되는 것이 신경전달물질이다.

도파민, 세로토닌, 노르에피네프린과 같은 물질들이
집중, 동기, 안정감, 각성을 조절한다.
그리고 이 신경전달물질의 기본 구성 요소가
아미노산, 즉 단백질이다.

단백질은 근육만 만드는 영양소가 아니다.
"고기를 먹어야 키가 큰다."
이 말은 절반만 맞다.

단백질은 사고, 집중, 기억 등
감정 조절을 담당하는 뇌 기능의 핵심 재료다.

단백질 섭취가 불안정하면
아이는 오래 앉아 있기 어렵고,
작은 자극에도 쉽게 산만해질 수 있다.

"왜 이렇게 집중을 못 해?"
라고 다그치기 전에
뇌가 그 일을 해낼 수 있는 상태인지,
그러한 영양을 꾸준하게 공급받고 있는지 먼저 살펴야 한다.

문제는 요즘 아이들의 먹거리다.

초등학생이 스스로 영양 균형을 고려해 음식을 선택하기는 어렵다.
편의점 간식, 패스트푸드, 가공식품은 늘어나고,
단백질과 미량 영양소가 풍부한 자연식은 줄어든다.

그 결과는 짜증, 집중력 저하, 금방 피로해지는 상태로 나타난다.
"아이가 왜 이렇게 예민하지?", "왜 30분을 못 견디지?"
그 원인이 생활 리듬과 영양에 있을 수 있다.

충분한 수면,
규칙적인 생활 리듬,
그리고 양질의 단백질 섭취는
집중력을 지탱하는 세 축이다.

공부 관성을 만들기 위해 필요한 것은
더 많은 문제집이 아니다.
"한 장 더 풀어라.", "한 시간 더 앉아 있어라."
이전에 먼저 점검해야 할 것은
아이가 지치지 않고 앉아 있을 수 있는 몸 상태다.

부모가 해줄 수 있는 가장 중요한 도움은
아이의 뇌가 잘 작동할 수 있는 재료를
꾸준히 공급해 주는 일이다.

- 아침에 단백질 음식을 반드시 포함한다.

  밥만 먹이지 말고 달걀, 두부, 요거트, 견과류 중 하나는 꼭 더한다. 오전 집중력은 아침 식사에서 시작된다.

- 간식을 '당' 위주로 두지 않는다.

  과자 대신 치즈, 삶은 달걀, 우유처럼 단백질이 들어간 간식을 준비한다. 혈당 급등은 집중력을 오래 가지 못하게 한다.

- 수면 시간을 공부시간보다 중시한다.

  늦게 자고 일찍 일어나는 습관에서는 신경전달물질 균형이 <u>흐트</u>러진다.

- 공부 전 물 한 컵을 습관화 한다.

  가벼운 탈수만으로도 피로감과 산만함이 커진다. 앉기 전에 물을 마시는 '자신만의 루틴'을 만든다.

4

부모의 엇박자가 아이가 세운 기준을 흔든다

"합의되지 않은 말 한마디가 집안의 규칙을 무력화한다. 부모가 하나의 목소리를 낼 때, 아이는 협상 대신 순응을 배우고, 그 위에서 자기 리듬을 만든다."

아이의 교육에서 자주 벌어지는 장면이 있다.
한쪽 부모가 애써 만들어놓은 기준을,
다른 한쪽 부모가 즉흥적으로 훼손하는 순간이다.

"오늘은 좀 힘들어 보이는데 쉬게 하자."
"하루쯤은 괜찮지 않나?"
"공부는 나중에 하고 지금은 놀게 두자."
말 자체는 따뜻하다.

문제는 이 말이 '합의된 기준' 위에서 나온 것이 아니라는 점이다.

가정 안에 이미 정해진 흐름이 있다.
숙제를 먼저 하고, 정해진 시간만큼 공부를 한 뒤,
그다음에 자유 시간을 갖는다는 약속이다.

그런데 그 흐름을 부모 중 한 사람이 감정이나 상황에 따라 바꿔버리면,
아이의 머릿속에는 혼란이 생긴다.

아이에게는 세 가지 선택지가 동시에 열린다.
기준을 지킬 것인가,
더 편한 쪽의 말을 따를 것인가,
아니면 엄마 아빠 사이를 조율하며 눈치를 볼 것인가.

이 순간 아이는 공부보다 더 복잡한 일을 하게 된다.
'누구 말이 더 힘이 센지'를 계산하기 시작한다.

오늘은 엄마 말이 통하고,
내일은 아빠가 허락해 주고,
그다음에는 상황을 봐가며 선택한다.

특히 즉흥적인 허용이 반복되면
아이의 생각에는 새로운 공식이 만들어진다.

"누군가 설득하면 규칙은 달라진다."

물론 부모의 즉흥적인 판단은 사랑에서 출발한다.
그러나 아이에게는 신호가 다르게 해석된다.
"우리 집의 기준은 고정되어 있지 않다."
"상황에 따라 달라질 수 있다."

반대로 부모가 의견이 다르더라도,
아이 앞에서는 하나의 기준으로 정리해서 말하면 전혀 다른 결과가
나온다.

"엄마 생각이 아니라 우리 집의 원칙이다."
이 문장이 반복되면 아이는 선택을 고민하지 않는다.
에너지를 '기대'나 '설득'이 아니라 '실행'에 쓴다.

공부 루틴이 유지되는 집과 흔들리는 집의 차이는
아이의 의지가 아니라 부모의 합의에서 시작된다.

- 아이 앞에서 규칙을 조정하지 않는다.

  의견이 다르면 아이 없는 자리에서 먼저 합의한다. 아이 앞에서는 항상 같은 말로 전달한다.

- "엄마는 이렇게 생각해!" 대신 "우리 집은 이렇게 한다."라고 말한다.

  개인의 의견이 아니라 가정의 기준이라는 인식을 심어준다.

- 하루 한 번은 부모가 일정 점검 시간을 가진다.

  숙제, 학원, 취침 시간을 짧게 공유한다. 작은 불일치가 쌓이지 않게 한다.

- 아이 앞에서 서로를 비난하지 않는다.

  "아빠 말은 신경 쓰지 마!" 같은 표현은 금물이다. 부모의 권위가 아니라 가정의 기준이 흔들린다.

학원을 자주 바꾸면 습관이 된다

A군은 초등 고학년 무렵부터 눈에 띄게 똑똑한 아이였다.
수업 이해도는 빠른 편이었고, 숙제나 과제도 스스로 처리했다.
부모님은 "잘하는 아이니 환경만 잘 맞춰주면 된다."고 생각했다.
그래서 학원 선택에도 비교적 적극적이었고,
아이의 반응을 중요하게 여겼다.

문제는 A군의 성향이었다.
A군은 감정에 예민했고,
사람 사이에서 생기는 작은 변화에도 민감하게 반응했다.

친구가 무심코 한 말,
선생님의 짧은 지적 하나가
하루 종일 마음에 남는 아이였다.

선생님이 다른 아이와 비교해 설명했거나,
질문에 바로 답해주지 않았던 날이면
집에 와서 이렇게 말했다.

"선생님이 나를 별로 신경 안 쓰는 것 같아."
"나만 이해 못 하는 것처럼 말했어."
부모는 아이의 말을 그대로 받아들였다.

학원에 상담을 요청했고,
"우리 아이가 많이 예민한데, 혹시 더 배려해 줄 수 있느냐?"고 물
었다.

하지만 학원에서는
A군을 특별히 소홀히 한 적도,
의도적으로 불편하게 한 적도 없었다.
다른 아이들과 같은 기준으로 지도했을 뿐이었다.

부모는 결정을 내렸다.
학원을 옮기기로 했다.
환경이 바뀌면 아이도 편해질 것이라 생각했다.

처음 한두 달은 괜찮아 보였다.
새로운 선생님, 새로운 친구들,
새로운 분위기 덕분에 아이의 표정도 밝아졌다.

하지만 시간이 지나자

비슷한 이야기가 다시 나오기 시작했다.

"이번에도 나만 불리한 것 같아."
"선생님 말투가 너무 차가워."
아이의 성향은 바뀌지 않았고,
해석 방식도 같았다.

결국 그 학원도 오래 다니지 못했다.
그 사이 공부는 계속 끊겼다.
학원을 옮길 때마다 진도는 다시 조정됐고,
이미 배운 내용을 또 처음부터 반복했다.

문제는 학원이 아니라
학원을 선택하고 떠나는 방식 자체에 있었다.
부모가 먼저 생각을 바꿔야 했다.
학원은 서비스를 제공하는 공간이라고 생각하기보다
학생, 부모, 교사가 함께 상황을 공유하고 조율하면서
아이를 만들어가는 곳이라고 생각해야 한다.

어느 곳도 우리 아이에게 100퍼센트 맞춰주지는 않는다.
그 사실을 받아들이지 못한 채 선택을 반복하면
"불편하면 옮긴다."는 방식이 아이에게 그대로 학습된다.

이 습관은 중학생이 되어도, 고등학생이 되어도 이어질 수 있다.
그러면 아이는
공부가 잘되지 않는 이유를
항상 학원과 선생님에게서 찾게 된다.

그래서 상담에서는
먼저 이 흐름을 부모와 아이에게 차분히 설명했다.
문제는 학원이 아니라
학원을 선택하고 떠나는 기준이 없다는 점이었다.

아이의 말을 하나씩 정리하고,
그 상황을 객관적으로 바라보는 기준을 함께 만들었다.

그 과정에서
학원을 옮기는 기준도 분명히 정리했다.
기분이 상했는지,
일시적으로 힘든 시기인지,
아니면 학습적으로 필요한 것을 얻지 못하고 있는지.
이 구분이 먼저였다.

그 기준에 해당하지 않으면
학원은 옮기지 않는다.

대신 담당 교사와 협의하고
조정할 수 있는 방법을 먼저 찾는다.

이 합의가 만들어지자
집 안에 질서가 생겼다.
학원을 선택하고 유지하는 기준이 생기니
아이도, 어머니도 흔들리지 않았다.

그 이후에 학원을 옮긴 경우도 있었지만,
그 선택은 회피가 아니라 판단이었다.

많은 부모는
지식이 실력이라고 믿는다.
그러나 장기적인 입시 현장에서
더 중요한 실력이 있다.

그것은 불편한 상황에서도
참고 견디며 끝까지 버텨내는 힘이다.

부모 세대의 입시는 기억에서 지우자

B군은 특별히 공부를 싫어하는 아이는 아니었다.
학교생활도 무난했고, 성적 역시 크게 문제 될 정도는 아니었다.
다만 아버지는 자신의 학창 시절을 기준으로 아이를 바라보고 있었다.

아버지 세대에는 대학에 가는 일이 지금보다 훨씬 수월했다.
그래서 "때가 되면 알아서 공부하겠지."라는 생각이 자연스러웠다.

공부에 대해 관대했고,
저녁시간, 주말이나 공휴일이 되면
아이와 게임을 하거나 여행을 가는 계획부터 세웠다.
"지금은 노는 것도 중요해!"
지금의 시간을 즐기는 것도 중요하다고 여겼다.

반면 어머니는 불안했다.
학원 진도, 숙제가 계속 마음에 걸렸다.

자연스럽게 부모 사이에는 충돌이 잦아졌다.

아이는 당연히 아버지 편이었다.
아이는 어머니의 말보다 아버지의 말을 더 따르게 되었고,
부모의 작은 의견 차이는
아이에게 명확한 메시지로 전달됐다.
"아빠 말이 더 맞다. 지금은 안 해도 된다."

입시 상담을 하다 보면
부모가 자신의 세대만을 기준으로
현재의 입시를 판단하는 경우를 자주 본다.
"건강하게만 자라면 된다."고 말하지만,
막상 고등학생이 되면
입시 앞에서 크게 후회하고, 안타까워한다.

오히려 아이가 부모를 원망하는 상황도 생긴다.
지금의 입시는
준비가 되어 있지 않으면 성과를 내기 어렵다.
단어를 알아야 문법을 이해할 수 있고,
문법을 알아야 독해가 가능하듯,

그리고 기초가 쌓이지 않으면
어느 순간부터 따라갈 수 없는 제도다.
아버지 세대와는 완전히 다르다.

추억을 만드는 일은 분명 중요하다.
가족과 보내는 시간, 여행과 휴식은
아이의 정서에 큰 의미를 가진다.
하지만 방향 없는 여유는
공부의 리듬을 끊고
학습 감각을 약하게 만든다.

그래서 필요한 것은
추억을 없애는 것이 아니라 계획이다.

학습에 큰 영향을 주지 않도록
시기와 빈도를 조절하고,
공부의 흐름이 유지되는 선에서
휴식과 경험을 배치해야 한다.

상담에서 먼저 아버지와 충분히 이야기를 나눴다.
현재 입시 구조가 어떻게 움직이는지,
학생부와 내신이 어떻게 누적되는지,
시기를 놓치면 왜 회복이 어려운지를
구체적인 사례로 설명했다.

아버지는 놀랐다.
처음에는 믿기 어렵다는 반응이었다.

"이 정도까지는 몰랐다."는 말이 나왔다.
하지만 자료와 현실을 확인하면서
상황을 받아들이기 시작했다.

그 이후 아버지의 태도는 달라졌다.
어머니의 판단을 존중하기 시작했다.
집 안의 기준이 하나로 정리되자
아이에게 전달되는 메시지도 달라졌다.
그렇게 B군은
큰 무리 없이
안정적인 공부 습관을 만들 수 있었다.

이 사례에서 상담의 핵심은
아이를 설득하는 것이 아니라
부모의 기준을 현재 입시에 맞게 조정하는 데 있었다.

하루 6시간 학원에 다니는데 성적은 그대로

상담을 하다 보면 안타까울 만큼 열심히 사는 아이를 만날 때가
있다.
C 학생은 하루에 세 번, 총 다섯 시간 이상을 수학학원에서 보냈다.
학교 수업이 끝나면 바로 학원으로 이동했고, 저녁 늦게야 집에
돌아왔다.

부모는 말했다. "저 아이는 정말 열심히 해요." 실제로 그랬다.
빠지지 않았고, 숙제도 제출했고, 수업도 성실히 들었다.

그러나 집에 돌아온 아이는 이미 지쳐 있었다.
"오늘 학원에서 다 했어요."라는 말과 함께 책을 덮었다.
학원에서 오래 있었으니 충분히 공부했다고 믿었다.

그러나 정작 집에서 배운 내용을 다시 열어보는 시간은 거의 없
었다.
오답을 정리하거나,
이해가 애매했던 개념을 다시 생각해 보는 과정도 없었다.
그러다 보니 성적은 그대로였다.

이 아이의 하루는 '수학학원에 머문 시간'은 길었지만,
'내 공부시간'은 거의 존재하지 않았다.

학원을 줄이자고 제안했다. 그리고 조건을 하나 걸었다.
"하루 최소 3시간은 네 공부시간으로 남겨라."
학원 시간은 줄이고, 스스로 복습하고 정리하는 시간을 플래너에
넣었다.

처음에는 불안해했다.
"학원을 줄이면 뒤처지지 않을까요?"
그러나 한 달이 지나자 변화가 보였다.
아이의 말이 달라졌다.
"제가 뭘 모르고 있는지 이제 알겠어요."

집에서 혼자 문제를 풀어보니 막히는 지점이 명확해졌다.
그다음부터는 학원 수업에서의 태도도 달라졌다.
그냥 듣는 것이 아니라 모르는 부분을 더 집중해서 듣고,
필요한 질문을 준비하는 아이로 바뀌었다.

핵심은 시간의 학원 수업시간의 양이 아니다.
학원에 오래 있는 아이가 아니라
배운 내용을 스스로 다뤄본 아이가 실력을 만든다.

수동적으로 설명을 듣는 태도에서 벗어나,
"내가 무엇을 모르는지 확인하는 시간"을 갖는 순간 진짜 공부는
시작된다.

학원에서 보내는 시간은 출발점일 뿐이다.
진짜 공부시간은 집에서 혼자 씨름한 시간이다.

PART 2
중학교

대학입시 준비는 이미 시작되었다.

자기 객관화를 통해 아이의 실력을 냉철하게 파악하고 보완하자.

1장

중학교 성적을 믿으면 위험하다

1

중학교 성적에 안심할 수 없는 이유

"한 반에서 약 25%의 아이들이 90점을 받는다. 25%의 성적으로는 인서울 대학 합격이 힘든 게 현실이다. 익히 알려진 인서울 대학 합격의 마지노선은 상위 20% 전후에서 결정된다."

많은 부모가 중학교 성적표를 받아들고 안심한다.
80점대, 90점에 가까운 점수들.
"이 정도면 잘하고 있다."는 판단이 자연스럽게 나온다.

학원도 다니고 있고, 시험 기간에 집중해서 공부하면
점수가 나오니 더 그렇다.
하지만 바로 이 지점이 중등 교육에서 가장 조심해야 할 구간이다.
중학교 시험은 상위권을 정밀하게 가려내기 위한 시험이 아니다.
기초 개념을 이해했는지, 수업 내용을 따라왔는지를 확인하는 성격이 강하다.
출제 범위는 교과서 중심이고,

수업 시간에 강조된 부분에서 반복 출제되는 경우가 많다.

정리만 잘해도 점수는 유지된다.
그래서 평균이 70점, 80점대인 학교가 많고, 90점대도 흔하다.

문제는 여기서 생긴다.
개념을 완전히 자기 것으로 만들지 않아도,
풀이 과정을 충분히 설명하지 못해도,
시험 유형에 익숙하면 점수는 나오기 때문이다.

특히 90점과 95점의 차이는
중학교에서는 거의 체감되지 않는다.
둘 다 A등급이고, 둘 다 "잘했다"는 평가를 받는다.

하지만 이 5점의 차이는 작지 않다.
그 안에는 이런 차이가 숨어 있을 수 있다.
한 문제를 맞혔느냐의 차이가 아니라
개념을 정확히 이해했는지, 조건이 바뀌어도 적용할 수 있는지,
풀이 과정을 스스로 설명할 수 있는지의 차이이다.

그러나 고등학교에 올라가면 상황이 달라진다.
고등학교 시험은 단순 확인이 아니라 변별 중심이다.

개념 하나를 묻는 문제가 아니라
여러 개념을 연결하고 응용하는 문제가 출제된다.
여기서는 "어느 정도 이해해서 받은 90점"과
"정확히 이해한 95점"이 다른 결과를 만든다.

고등학교에서는 한 문제 차이로 등급이 갈린다.
한 문제 차이로 석차가 수십 명씩 움직인다.
그리고 그 석차가 대학 지원 가능 범위를 결정한다.

중학교에서 보이지 않던 차이가
고등학교에서는 숫자와 서열로 드러난다.
그래서 중학교 성적에서 안심하는 순간,
준비에 소홀해질 수 있다.

중학교는 성적에 만족하는 시기가 아니라
실력을 높여야 하는 시기다.
그 노력이 고등학교에서 결과로 바뀐다.

- 점수 대신 '틀린 문제'를 분석한다.

  90점을 받았는지보다, 틀린 10점이 왜 틀렸는지 확인하자. 실수인지, 개념 미이해인지 구분하는 습관이 고등학교를 대비하는 준비다.

- 시험 직전 공부 여부를 점검한다.

  벼락치기로 유지된 점수인지, 평소 복습으로 만들어진 점수인지 살핀다. 과정이 불안하면 성적은 오래 가지 않는다.

- 평균이 아니라 석차를 확인한다.

  점수에 안도하지 말고, 학교 내 위치를 본다. 고등학교에서는 위치가 곧 등급이다.

- 고등 대비 과목을 미리 점검한다.

  수학, 영어처럼 누적되는 과목은 개념 공백이 없는지 확인한다. 중학교 시기 교과 난이도가 높지 않을 때 보완하는 것이 가장 안전하다.

2

고등학교 성적이 진짜 성적

"중학교 성적은 결과가 아니라 고등 내신을 대비하는 예고편이다.
고등 내신은 더 높은 난이도와 더 촘촘한 경쟁에서 결정된다. 평균
과 점수의 거리가 석차를 만든다."

중학교에서는 점수를 통해 아이들에게 희망을 주는 역할이 크다.
성취감을 느끼게 하고, 학습 동기를 유지하는 것이 목적이다.

반면 고등학교는 다르다.
고등학교에서는 대학에 진학할 만한 인재를 선별해야 한다.
그래서 점수보다 석차가 중심이 된다.

중학교 시기에 과목별 전체 평균이 80점대였다면,
고등학교에서는 그 평균을 의도적으로 낮춘다.

고등학교에서 중요하게 보는 기준은

'평균보다 높은가'가 아니라
'평균에서 얼마나 멀리 앞서있는가'이기 때문이다.

그래서 고등학교 시험은
평균 50점대에서 60점대를 목표로 설계되는 경우가 많다.

중복되지 않는 석차 비율을 만들기 위해
학생 간의 간격을 벌리기 위함이다.

그러다보니,
평균이 85점인 시험에서 92점(차이 7)을 받은 학생보다,
평균이 55점인 시험에서 80점(차이 25)을 받은 학생이
대학에서는 더 우수한 평가를 받는다.

이 석차는 학교 내 다양한 결정의 기준이 되기도 한다.

교내 자습실 사용 여부,
특별 활동 참여 조건,
수시 교과전형에 필요한 추천서 제공 여부까지
모두 석차를 기준으로 판단된다.

등급 제도의 변화도 이 관점에서 생각해야만 한다.

9등급제 시절, 1등급은 상위 4퍼센트였고,
5등급제에서의 1등급은 상위 10퍼센트다.
겉으로는 같은 1등급이지만,
그 안에 포함되는 학생의 범위는 크게 다르다.

이 차이는
서울대와 인서울 중위권 대학의 차이로 이어질 수 있다.
대학이 이를 동일한 1등급으로 받아들일 것이라 생각하는 것은
큰 오해다.

그래서 대학은 등급만 보지 않는다.
절대평가 시대에도
학교별 평균과 분산,
과거 합격자 데이터,
유사한 성향의 학교 통계까지 함께 참고한다.

결국 대학은 다양한 자료를 통해
학생의 실제 석차 위치를 다시 계산하려는 방향으로 움직일 수밖
에 없다.

그래서 중학교 성적을 기준으로
"이 정도면 중상위권 대학은 가겠지."라고 생각하는 건,

아주 위험한 착각이다.

위 내용을 이해하면
중등 시기에 해야 할 일은 분명해진다.
높은 점수에 안주하지 않고, 쉬운 시험에서 얻은 성적에 만족하지
않는 것이다.

실천 Tip

- 중학교 점수를 '고등 기준'으로 환산해 본다.

  평균이 80점대라면, 시험이 더 어려워졌을 때 몇 점이 될지 가
  정해 본다. 쉬운 시험 기준의 자신감은 고등에서 낮아질 수 있다.
- 점수보다 '평균과의 차이'를 확인한다.

  내 점수가 몇 점인지보다 평균보다 몇 점 높은지를 계산해 보자.
  고등학교에서는 이 간격이 곧 석차와 등급이 된다.
- 한 문제 차이를 줄이는 연습을 한다.

  중학교에서는 티 나지 않는 3~5점 차이가 고등에서는 등급을 가
  른다. 틀린 문제를 그냥 넘기지 말고, 왜 틀렸는지 끝까지 정리
  한다.

3

시간을 지배하는 아이가 입시를 지배한다

"주어진 시간은 누구에게나 똑같지만 결과는 천차만별이다. 시간 관리가 달라서다. 공부 시간은 기분에 따라 조정하는 선택이 아니라 어릴 때부터 몸에 익혀야 할 입시의 기본이다. 작은 시간관리 습관이 대입 결과를 좌우한다."

입시컨설팅을 하면서
상위권 아이들에게서 발견한 공통점이 있다.

그들은
남는 시간에 공부하지 않는다.
공부를 먼저 하고 남는 시간에 쉰다.

지하철을 기다리는 시간,
식당에서 음식을 기다리는 시간,
학원 수업 전의 자투리 시간까지

허투루 보내지 않는다.
대개 수학 공식이나 영어 단어장이 눈앞에 있다.

대부분 그날 해야 할 공부량이
정해져 있기 때문이다.
그리고 그 목표를 채우는 일이
스스로에게 가장 큰 만족이 된다.

그들의 계획은 플래너에 적혀 있다.

상위권 아이들은 시간을 30분 단위로 쪼갠다.
그들의 공부 플래너에는
무엇을 언제 할지 구체적으로 적혀 있기 때문에
빈 시간이 생기면 자동으로 공부를 이어간다.
플래너는 시간을 관리하는 습관을 만든다.

초등 시기에는 시간이 여유롭다.
중등 시기에도 서두르면 따라갈 수 있다.

문제는 고등 시기이다.
고등학교에 올라가면 중학교보다
세 배는 시간이 부족하다.

수업량, 수행평가, 모의고사, 내신 준비가 동시에 몰린다.

이 부족하지만 누구에게나 똑같이 주어진 시간 안에서
어떤 아이는 높은 성과를 내고,
어떤 아이는 "바빠서 못 했다.",
"시간이 없었다."는 말로
환경을 탓한다.

여기서 차이는 재능이 아니라 시간 관리이다.
그래서 학습 플래너를 쓰는 연습을
일찍 시작하면 큰 도움이 된다.

아침-점심-저녁으로
하루를 나누어 계획하는 데 익숙해진 아이는
고등학교에 가서 시간 단위, 분 단위로
학습을 설계할 수 있다.

그 결과, 같은 하루를 보내도
소화하는 공부량이 달라진다.
수행평가와 시험 준비를 훨씬 안정적으로 감당할 수 있다.

입시는 시간과의 싸움이다.

플래너는 단순한 기록장이 아니라
루틴을 만드는 연습장이다.

결국 시간을 지배해서 루틴을 만드는 아이가
원하는 결과를 만든다.

실천 Tip

- 하루 공부 분량을 먼저 정한다.

  "시간이 남으면 공부"가 아니라 오늘 끝낼 분량을 먼저 정한다.

- 플래너는 '사후 결과'가 아니라 '사전 구체적인 계획'으로 쓴다.

  공부를 다 하고 나서 적지 말고, 하기 전에 구체적으로 쓴다.

  "영어 1시간"이 아니라 "영어 독해 3지문 분석"처럼 적는다.

- 학교 안 자투리 시간을 의식적으로 사용한다.

  쉬는 시간 10분, 점심 후 15분, 야자 전 20분은 생각보다 크다. 그 시간에 오답 한 문제, 단어 20개, 개념 한 페이지를 처리한다. 이 시간도 누적되면 크다.

- 하루 마무리 점검을 한다.

  못 한 이유를 설명하지 말고, 내일 어디에 배치할지 결정한다.

  밀린 분량을 방치하지 않는 태도가 루틴을 만든다.

국수영만 잘하면 된다는 착각

"고등 내신은 전 과목 관리의 싸움이다. 전과목 평균으로 입시를
치르기에, 좋아하는 과목만 파는 습관은 통하지 않는다."

초등과 중등 시기에는
국어, 수학, 영어에 가장 많은 시간을 쓴다.
이 세 과목을 잘하면 공부를 잘하는 것처럼 느껴진다.

하지만 이 생각에는 위험이 있다.
고등학교에 가면 과학, 기술·가정, 사회, 인공지능 등
다양한 과목을 배우게 되는데,
과목별 단위 수는 국영수 과목과 큰 차이가 나지 않는다.
1단위 정도의 차이다. 그래서 기타 과목을 잘 관리해야 전체 내신
평균이 오른다.

초·중 시기에 국수영만 중요하게 여겨온 학생들은
다른 과목을 체계적으로 관리하는 능력이 부족한 경우가 많다.

대학은 전 과목 내신 평균으로 학생을 본다.
특정 과목만 잘하고
다른 과목을 등한시하는 태도는
학업 태도의 균형이 부족하다고 평가될 수 있다.

공교육 체제 안에서는
자신이 좋아하는 과목만 선택해 공부하는 방식이 통하지 않는다.
주어진 과목을 책임 있게 이수하는 태도가 더 중요한 평가의 대상
이다.
그래서 필요한 것은
모든 과목을 골고루 대비하는 습관이다.

잘하는 과목은 유지하고, 어려운 과목은 계획적으로 보완해야 한다.

이때 핵심이 시간 관리다.
공부할 과목이 늘어나면 "시간이 없다."는 말이 자연스럽게 나온다.

고등학교를 대비하려면
지금부터 과목별 학습 시간을 배분하는 연습이 필요하다.

국수영 중심의 사고에서 벗어나,
전 과목을 관리하는 힘을 기르는 것.

이 습관이 고등학교 내신을 지키는 기본이 된다.

대학은 특정 과목의 실력이 아니라
전체 과목을 책임 있게 완주한 태도를 본다.

실천 Tip

- 기타 과목도 시험 준비를 제대로 한다.

  국영수 외 과목을 시험 직전에 공부하는 습관을 버리자. 기타 과목도 공부계획 안에 넣자.

- 기타 과목의 공부 시간을 배분한다.

  공부 시간 안에 사회, 과학 등 기타 과목 시간을 미리 정해둔다. 남는 시간에 하는 과목이 아니라 처음부터 배정된 과목으로 만들자.

- 어려운 과목을 먼저 확인한다.

  잘하는 과목부터 시작하지 말고, 가장 불안한 과목을 먼저 점검한다. 내신 평균은 약한 과목 때문에 내려간다.

- "전 과목 평균"을 기준으로 대화한다.

  특정 과목 점수에만 반응하지 말고, 전체 평균을 함께 본다. 아이의 시야를 국수영에서 전 과목으로 넓혀주는 대화가 필요하다.

5

특목고, 합격이 아니라 입학 후 석차가 문제다

"전교권 학생들이 모인 특목·자사고에서 성과를 내려면, 중학교
시절 한두 번의 최고 점수가 아니라 안정적인 최상위 실력이 필요
하다. 그 정도가 아니라면 일반고가 낫다."

특목고를 이야기하면
대화의 초점은 늘 하나로 모인다.
"합격할 수 있을까요?"
설명회장에서도, 상담실에서도
관심은 입학 가능성에 집중된다.

그러나 정말 중요한 질문은 따로 있다.
"합격 후, 우리 아이의 위치는 어디일까?"

특목고에는 중학교에서 거의 전교권을 다투던 아이들이 모인다.
전교에서 1,2등을 하던 수재들이 한 교실에 앉는다

합격의 기쁨은 분명 크다.
하지만 입학 후 첫 시험에서
"내가 이렇게까지 밀릴 줄은 몰랐다."는 말을 하는 경우가 적지
않다.

문제는 성적 자체가 아니라
그 충격이 아이의 자존감과 학습 동기에 미치는 영향이다.
중간을 못 따라가는 상황이 반복되면
"아무리 해도 안 된다."는 감정이 쌓인다.

이 감정은 생각보다 빠르게 학습 태도를 약하게 만든다.
많은 부모가 이렇게 말한다.
"입학만 하면 학교에서 알아서 잘 가르쳐주지 않을까요?"
"친구들 따라가다 보면 중간은 하지 않을까요?"

현실은 다르다.
특목고의 수업 속도는 빠르고,
과제의 깊이는 깊으며,
시험 문제는 단순 암기형이 아니다.

기본기가 단단하지 않으면
수업을 듣는 것 자체가 버거워진다.

그래서 특목고는 "합격이 목표"가 아니라
"입학 후 상위권을 유지할 준비가 되었는가"가 핵심이다.

객관적인 기준이 필요하다.
중학교에서 주요 과목(국어, 영어, 수학)
3개 학기 연속 95점 이상을 안정적으로 유지할 수 있다면
도전해 볼 만하다.
그것도 학군지 중학교 기준이다.
만약 학군지가 아닌 일반 중학교라면,
98점에 가까운 점수를 꾸준히 유지해야
입학 후 중상위권 가능성을 기대할 수 있다.

한두 번의 100점이 아니라
"연속성"과 "안정성"이 기준이다.
특목고 진학 자체는 나쁜 선택이 아니다.

문제는 실력보다 기대가 앞설 때다.
입학은 문을 여는 일이고,
그 이후의 3년은 경쟁의 시작이다.

그래서 특목고를 목표로 삼는다면
지금 해야 할 일은 원서 준비가 아니라

실력의 수준을 높이는 일이다.

- 합격 가능성보다 '입학 후 위치'를 먼저 계산한다.

  "붙을 수 있을까?" 대신 "입학하면 몇 등 정도일까?"를 고민해 본다. 중학교 성적을 냉정하게 분석해 상위 5% 안에 안정적으로 들어가는지 확인한다.

- 점수의 '연속성'을 본다.

  한 학기 반짝 성적이 아니라 최소 3개 학기 연속 95점 이상 유지 여부를 점검한다. 기복이 크다면 고민이 필요하다.

- 선행보다 개념 완성도를 점검한다.

  고등 과정 선행을 많이 했는지보다, 중학교 개념을 정확히 설명할 수 있는지를 확인한다. 개념이 흔들리면 특목고 수업 속도를 감당하기 어렵다.

- 모의 환경을 만들어본다.

  학원이나 심화 문제집을 통해 상위권 난이도의 문제를 일정 기간 풀어보게 한다. "어렵지만 따라갈 수 있다."는 감각이 있는지 확인한다.

2장

"중간하면 중앙대 간다"는 착각

1

집단 평균에 가까우면 입시는 멀어진다

"입시는 평균이 아니라 상위 소수를 가려내는 제도다. 또래의 영향을 막을 수는 없지만, 꾸준한 관심과 분명한 기준이 있으면 아이는 방향성을 지킨다."

중학교에 들어가는 순간,
아이의 일상에서 가장 크게 달라지는 요소 중 한 가지는
친구집단의 영향력이다.

초등 시기에는 부모가 기준을 제시하고 생활을 이끈다.
그러나 중학교에 들어서면 판단의 축이 이동한다.
무엇이 멋있는지, 무엇이 촌스러운지, 무엇을 해도 되는지에 대한 기준이
친구들의 반응을 통해 만들어지기 시작한다.

이 시기의 아이는 부모의 말보다,

친구의 표정과 한마디에 더 예민하게 반응한다.
그래서 "다들 안 하는데 왜 유난스럽게 공부해?"
라는 친구들의 말이
우리 아이에게 큰 영향을 준다.

공부를 열심히 하는 일이
'유난'으로 해석되는 경우도 많은 것이다.

반대로 공부에 크게 신경을 쓰지 않는 모습은
친구들 사이에서 무난하고
편한 이미지로 받아들여지기도 한다.

이 환경에서 아이는
무의식적으로 집단에 맞추는 쪽으로 이동한다.
인간은 본능적으로 소속을 선택하기 때문이다.

여기서 부모의 역할은 통제가 아니다.
친구를 끊어라, 놀지 말라는 식의 강압은
오히려 역효과를 낸다.

필요한 것은 집단의 분위기와는 별개로
가정 안에 명확한 기준이 존재한다는 사실을

일관되게 보여주는
일이다.

"우리 집에서는 해야 할 일은 먼저 한다."
"시험이 다가오면 루틴을 더 꼼꼼하게 지킨다."

와 같은 원칙이 흔들리지 않을 때,
아이는 두 개의 기준을 동시에
고려한다.

하나는 또래의 기준이고, 다른 하나는 가정의 기준이다.

중등에서 공부 흐름을 유지하는 아이들의 공통점은
특별한 재능이 아니다.
친구가 없어서도 아니다.

집단 속에 있으면서도 스스로의 기준을
잃지 않는 연습이 되어 있다는 점이다.

그 기준은 대부분 가정에서 형성된다.

"다들 그러니까 괜찮다."는 말은
중학교 시기에 가장 위험한 문장이다.

입시는 집단 평균을 따라가는 제도가 아니라
상위 소수만이
원하는 결과에 도달하는 제도이기 때문이다.

피라미드형 경쟁에서
상위권을 목표로 한다면
집단의 평균에 맞추는 전략은
효과적이지 않다.

또래의 영향은 피할 수 없다.
그러나 기준을 어디에 둘 것인지는 훈련할 수 있다.
중학교 시기는 그 훈련이 본격적으로 시작되는 시기다.

입시는 다 같이 가는 길이 아니다. 피라미드형 제도다.
최상의 결과는 늘 소수에게만 돌아간다.

- 아이의 친구 관계를 "통제"가 아니라 "관심"의 영역으로 둔다.

  누구와 자주 어울리는지, 방과 후 무엇을 하는지, 어떤 이야기를 나누는지 자연스럽게 묻고 듣는다. 일상 대화 속에서 꾸준히 확인한다.

- 친구 이야기를 비난으로 시작하지 않는다.

  "그 친구랑 놀지 마!"라고 말하는 순간 대화는 닫힌다. 대신 "그 친구랑 있으면 어떤 점이 좋아?"라고 묻는다. 아이의 선택 기준을 먼저 파악해야 방향을 잡아줄 수 있다.

- 또래 기준과 우리 집 기준을 구분해 말해준다.

  "다들 그렇게 해!"라는 말이 나올 때, "다들 그래도 우리 집 기준은 이거야!"라고 차분히 반복한다. 집 안의 기준은 설명이 아니라 반복으로 자리 잡는다.

- 늦게 개입하지 않는다.

  문제가 생긴 뒤 갑자기 간섭하면 "엄마가 무슨 상관이야!"라는 말이 나온다. 평소에 알고 있고, 평소에 대화하고, 평소에 관심을 보여야 갈등이 생겼을 때도 부모의 말이 닿는다.

- 가정 내 기준이 먼저임을 인식시킨다.

  친구 약속이 있어도 기본 공부 시간과 귀가 시간은 지키게 한다. 또래 활동 위에 가정의 기준이 있어야 아이가 균형을 배운다.

반 2~3등, 상위권 대학의 현실적 기준선

"학령인구가 줄어도 상위권 대학 경쟁은 사라지지 않고 오히려 집중된다. 고1부터 고3까지 전 과목에서 상위 약 10% 이내의 위치를 유지한 학생만이 서울 상위권 대학 경쟁이 가능하다."

일반고 기준으로 한 반은 보통 25~30명이다.
그중 2~3등은 상위 약 7~10%에 해당한다.
이 비율은 서울 상위권 대학들이 요구하는 현실적인 위치다.

즉, 반 2~3등은
"열심히 하는 학생"이 아니라
"상위권 대학과 실제로 경쟁이 가능한 학생"의 기준선이다.

중요한 점은 이 순위가 한 번의 시험 결과가 아니라는 것이다.
중간·기말 한 번 잘 봐서 잠시 2~3등이 되는 것과
고1부터 고3까지 꾸준히 그 자리를 지키는 것은 전혀 다르다.

대학은 '최고점'을 보지 않는다.
얼마나 오래 그 위치를 유지했는지를 본다.
고등학교에서는 한 과목의 점수만으로 상위권이 되지 않는다.
국어, 수학, 영어, 탐구 과목 전반의 평균,
수행평가, 발표, 서술형, 프로젝트까지
모든 요소에서 안정적인 결과가 나와야 한다.

이 정도의 위치는 시험을 잘 보는 학생이 아니라
생활이 흔들리지 않는 학생이다.
복습이 밀리지 않고, 수행평가를 놓치지 않으며,
감정 기복에 따라 공부량이 달라지지 않는다.

여기에 한 가지 더 짚어야 할 부분이 있다.
학령인구가 줄어들고 있다.
그래서 "이제 대학 가기 쉬워지는 것 아닌가요?"라는 질문을 자주
듣는다.
겉으로 보면 지원자 수는 줄어든다.

그러나 인서울 상위권 대학에 대한 열망은 오히려 더 높아지고 있다.

지방 대학과 수도권 대학의 격차,
취업 시장의 현실,

사회적 인식이 모두 서울 상위권 대학으로 수요를 집중시키고 있다.

결과적으로 전체 학생 수는 줄어도
상위권 대학을 목표로 하는 지원자의 수는 오히려 더 높아진다.
경쟁은 사라지지 않는다.
집중된다.

그래서 "학생 수가 줄었으니 예전보다 쉬울 것"이라는 판단은 위
험하다.

결국 반 2~3등이라는 위치는
과거에도 기준선이었고, 지금도 기준선이며,
앞으로도 크게 달라지지 않을 가능성이 높다.

상위권 대학 경쟁은
인구 감소와는 별개의 문제다.
재능보다 꾸준함,
순간의 성과보다 위치 유지 능력의 싸움이다.

초등과 중등 시기에 준비되지 않으면
고등학교에서 갑자기 이 자리를 차지하기는
현실적으로 쉽지 않다.

상위권 대학은

"오랫동안 상위권을 유지해 온 학생"을 선발하는 곳이기 때문이다.

실천 Tip

- 한 번의 최고점보다 유지하느냐에 의미를 둔다.

  중간 · 기말 한 번 잘 본 것으로 안심하지 않는다. 1년 단위로 위치가 유지되고 있는지 점검한다.

- 전 과목 평균을 기준으로 목표를 세운다.

  특정 과목 1등이 아니라 전 과목 상위 10% 안에 드는 위치를 만드는 것이 핵심이다.

- 학령인구 감소에 기대지 않는다.

  학생 수가 줄어도 상위권 대학 경쟁은 줄지 않는다. 경쟁자는 전체가 아니라 상위 집단임을 인식한다.

- 인서울 대학 모집인원수와 전국 수험생 수를 비교한다.

  두 수치를 비교해서 상위 몇% 정도가 인서울 대학 합격이 가능한지 계산해 본다.

3

부족한 현실감각이 희망만 부풀린다

"고3이 되어 우리에게 친숙한 대학들이 반에서 1-2등만 뽑는다는
걸 아는 순간 배신감이 밀려온다. 그건 대학을 탓할 일이 아니다.
입시정보의 부재 때문에 발생하는 일이다."

중학교 현장에서 학생들로부터 종종 이런 질문을 듣는다.
"선생님, 중간 정도 성적이면 중앙대는 갈 수 있지 않을까요?"

결론부터 말하면,
일반고 기준에서 중앙대는 '중간'의 대학이 아니다.

중앙대를 목표로 한다면 고교 기준 한 반에서
2~3등 이내를 꾸준히 유지해야 가능한 위치다.

서울대를 목표로 한다면 전교에서 5등,
의대를 목표로 한다면 전교에서 2~3등의 위치가 필수적이다.

학생부교과든, 학생부종합이든
고1부터 상위권을 안정적으로 유지한 학생들이 주된 합격권을
형성한다.

이 착시는 대부분 중학교 성적에서 시작된다.
중학교에서는 평균 점수가 높고 90점 이상이 흔하다.
그래서 아이도, 부모도 자연스럽게 "우리는 상위권이다."라고 느
낀다.
시험 기간에 조금만 준비해도 점수가 나오기 때문에 더 그렇다.

그러나 고등학교에 올라가 평균이 50~60점대로
만들어지면 상황은 달라진다.

점수는 낮아지고, 한 문제 차이로 반 내 석차가 갈린다.
그때 비로소 자신의 위치가 수치로 확인된다.

중학교에서 체감하지 못했던 실력 차이가 고등학교에서는 분명히
나타난다.

상위권 대학에 합격한 학생들은 어떤 아이들일까.
시험이 어렵든 쉽든 평균과의 간격을 꾸준히 만들어낸 학생들이다.

“중간은 되니까 괜찮겠지.”라는 판단은 근거가 약하다.
근거 없는 자신감은 오히려 준비를 늦춘다.
입시는 기분이나 기대가 아니라 숫자로 결정된다.

상위권 대학을 목표로 한다면
‘열심히 하면 되겠지.’가 아니라
‘반에서 몇 등을 유지해야 하는가’를 먼저 계산해야 한다.
그리고 그 자리를 1년, 2년, 3년 동안 유지할 수 있는 방법을 만들
어야 한다.

결국 필요한 태도는 겸손이다.
지금 성적에 안주하지 않고,
시험이 쉬웠는지 어려웠는지와 상관없이
항상 평균과의 간격을 점검하는 태도다.
상위권 대학은 “될 것 같은 대학”이 아니라
지속적으로 준비한 학생만 도달하는 자리다.

 실천 Tip

- 목표 대학을 말하기 전에, 목표 석차를 먼저 정한다.

  “어디 가고 싶다”보다 “반에서 2~3등을 유지하겠다”처럼 숫자로

기준을 정한다. 대학은 이름이 아니라 위치로 결정된다.

- 시험이 끝나면 점수보다 '평균과의 간격'을 확인한다.

  90점을 받아도 평균이 85점이면 경쟁력은 낮다. 항상 평균 대비 몇 점 앞서 있는지 점검한다.

- 중학교 성적을 기준으로 자신을 과대 평가하지 않는다.

  고등학교 평균은 낮게 형성된다. 지금 성적이 높다고 안심하지 말고, 어려운 문제를 일부러 찾아 풀어본다.

- 매 시험 후 스스로에게 묻는다.

  "이 성적으로 상위권 대학 경쟁이 가능한가?"

4

고3 미적분은 중1 방정식에서 시작된다

"수학은 앞에서 배운 것이 사라지지 않고 쌓인다. 지금 이해하지 못한 개념은 더 어려운 모습으로 나타난다. 따라서 중학교 수학을 참고 견뎌야 고등학교 수학을 견딜 수 있다."

중1부터 고3까지 이어지는 공부는
모든 과목이 심화, 확장되는 방식을 갖는다.
앞에서 배운 개념이 사라지는 것이 아니라
형태가 더 복잡해지고 깊어지는 방식으로 이어진다.

수학을 예로 들어보자.

흔히 수학의 꽃이라고 불리는 고3 미적분 역시
갑자기 등장한 새로운 영역이 아니라
중1에서 배우는 일차방정식이 심화된 결과다.

중1의 일차방정식은 단순한 계산 문제가 아니다.
변수가 무엇인지 이해하고,
여러 조건을 하나의 식으로 표현하는 사고 훈련이다.
이 개념은 이후 사라지지 않는다. 형태만 바뀔 뿐이다.

중2의 일차함수는
일차방정식이 그래프로 확장된 형태다.
식으로 표현되던 관계가 직선 그래프로 시각화된다.

중3의 이차함수 역시 마찬가지다.
일차함수에서 다루던 변화가
곡선이라는 더 복잡한 형태로 심화된다.
다른 개념이 아니라
과거 개념의 발전된 형식이다.

고1의 삼차, 사차방정식과 대칭형 그래프도
중학교 함수 개념이 한 단계 더 깊어진 결과다.

고2의 지수함수와 로그함수 역시
변화의 개념을 정상적인 증가에서
비정상적인 증가와 감소로 확장한 것이다.
모든 과정은 연결되어 있다.

고3 미적분은 이 흐름의 종합이다.
미분은 새로운 수학이 아니라
중학교 때부터 다뤄온 변화 개념을
증가의 폭과 증가 속도로 정밀하게 다루는 도구다.

그래서 미적분은
중1 일차방정식에서 출발한 개념의
가장 심화된 형태라고 볼 수 있다.

따라서 중학교 수학이 부족한 상태에서
고등학교 수학을 따라가는 것은 매우 어렵다.

이렇게 수포자가 만들어진다.
더 심각한 현실도 있다.
수포자는 고등학교에서만 생기지 않는다.

초등 시기에
수학을 이해하려는 마음과 태도가 준비되지 않으면
중2, 중3만 되어도
이미 수학을 포기하는 학생들이 생긴다.

현장에서 반복해서 확인되는 현실이다.

그래서 중학교 수학은

고등학교 수학을 위한 예습이 아니다.

앞으로 이어질 모든 수학의 기초 체력이다.

입시는 고등학교부터 준비하면 된다는 생각은 위험하다.

수학뿐만 아니라 모든 과목이 마찬가지다.

실천 Tip

- 학년이 바뀌어도 교과서를 버리지 않는다.

  중3이 되어도 중1, 중2 교과서를 책장에 남겨둔다. 이해가 막힐 때는 위 단원이 아니라 아래 단원으로 내려가 확인하는 습관을 만든다. 위를 붙잡지 말고 뿌리를 점검하게 한다.

- 문제를 많이 풀기 전에 개념을 다시 정의하게 한다.

  "일차함수가 뭐야?" "변화율이 뭐야?"를 공식이 아니라 자기 언어로 말하게 한다. 정의를 말하지 못하면 심화는 불가능하다.

- 이해가 흔들릴 때는 난도를 낮춰 다시 시작하게 한다.

  어려운 문제를 붙잡고 스트레스를 받는 일보다, 기초 문제를 완벽히 설명하게 하는 편이 훨씬 빠른 발전 방법이다.

5

잘하는 아이는 갑자기 만들어지지 않는다

　"고등학교 성적은 순간의 노력이 아니라 중학교 때 만들어진 공부습관과 이해의 깊이가 결정한다. 설명을 '듣는' 학생이 아닌, '자기 것으로 담는' 학생이 고등학교에서 성과를 낸다."

고등학교에 올라가면
공부를 잘하는 아이는 계속 잘하고,
그렇지 않은 아이는
성적을 올리기 점점 어려워진다.

안타깝지만 이 현상은 고3까지 고착화되는 경우가 많다.

왜 이런 차이가 생길까.

결정적인 차이는 학교나 학원 선생님의 말을
이해하는 정도와 정확성에서 나타난다.

성적이 우수한 학생들은
선생님의 설명을 '귀에 담는다'.
그렇지 않은 학생들은 그 말을 '듣는다'.

고1 때 배우는 경우의 수를 생각해 보자.

선생님이 말한다.
"순서가 중요하면 순열, 중요하지 않으면 조합이다."
잘하는 학생은 이 말을 그냥 지나치지 않는다.

자기 말로 다시 생각해 본다.
"아, 같은 두 사람이라도 자리가 바뀌면 다른 경우구나."
"그럼 그냥 두 명을 고르는 거면 순서는 상관없구나."

그리고 스스로 예를 만들어 본다.
이렇게 되면 공식을 외운 것이 아니라
어떻게 구분해야 하는지를 이해한 것이다.
이것이 '담는' 것이다.

반면 그냥 듣기만 한 학생은
노트에 그대로 적는다.
그 순간에는 이해한 것 같지만,

문제를 풀 때 묻는다.
"이건 순열이에요, 조합이에요?"
기준이 자기 안에 없기 때문이다.

이 차이는 고등학교에서 갑자기 생기지 않는다.
중학교 때부터
개념을 왜 그런지까지 생각해 본 학생은
설명을 자기 것으로 만드는 힘이 있다.

그래서 고등학교에서는
같은 수업을 들어도
어떤 학생은 점점 더 잘 이해하고,
어떤 학생은 점점 더 따라가기 힘들어진다.

고등학교 성적은
그 순간의 노력 차이보다,
중학교 때 얼마나 단단히 준비했는지의 차이다.

그래서 공부는 늦을수록 힘들어진다.
고등학교는 새로 시작하는 곳이 아니라
기초 위에 더 쌓아 올리는 곳이기 때문이다.

중학교 시절, 힘들어도 참고 공부해
실력의 그릇을 만들어 놓은 아이들은

고등학교에서 가속력이 붙는다.

고등학교 실력은 고등학교에서 갑자기 만들어지지 않는다.
중학교 시절 얼마나 기초를 쌓았는지가
차이를 만든다.

 실천 Tip

- 수업 시간에 '표시하는 습관'을 만든다.
  이해가 완전히 된 부분은 ○, 애매한 부분은 △, 전혀 모르겠는
  부분은 X로 교과서나 노트에 표시하게 한다. 집에 와서 X부터
  다시 보는 시간을 만든다. 막연히 "다 이해했어!"라고 말하지
  못하게 하는 장치다.
- 질문을 준비하는 습관을 만든다.
  학원이나 학교 가기 전, 전날 표시해 둔 △나 X 중 하나는 반드시
  질문해 보겠다고 정하게 한다. 수업을 수동적으로 듣는 태도를
  끊는 훈련이다.
- 수업 내용을 문제로 만들 수 있는지 확인해본다.
  배운 개념으로 아이 스스로 문제를 하나 만들어 보게 한다. 문
  제를 만들 수 있으면 개념을 이해한 것이다. 문제를 만들지 못
  하면 아직 겉핥기다.

3장

진로는 교과별 점수 확인에서 시작된다

1

대학이 묻는 진로는 '꿈'이 아니라
그 분야에 대한 '실력'이다

"입시의 관점에서 진로는 좋아하는 일, 갖고 싶은 직업이 아니다.
진로 관련 전공을 공부할 수 있는 실력이다. 대학에서는 실력의
기준을 관련 교과의 성적과 탐구력으로 판단한다."

초등과 중등에서 말하는 진로와
대학이 말하는 진로는 출발점부터 다르다.

어린 시기의 진로는
"무엇이 재미있는가",
"어떤 일을 해보고 싶은가"에 가깝다.
경험의 영역이고, 탐색의 영역이다.
마치 직업체험관에서 "넌 어떤 직업을 경험하고 싶니?"에 대한
답변에 가깝다.

그러나 대학입시에서 진로는 전혀 다른 질문으로 바뀐다.

"넌 우리 학과의 4년 교육과정을 잘 소화할 만한 실력을 갖추고
있니?"

대학은 '꿈'을 선발하지 않는다.
'가능성'을 선발한다.
그리고 그 가능성을 판단하는 가장 기본 자료가 내신과 탐구활동,
즉 학생부 내용이다.

왜냐하면 대학은 입학 이후를 생각하기 때문이다.
입학만이 목적이 아니다. 그 학과의 전공 과목을 따라가고,
4년 동안 누적되는 심화 과정을 견디고,
졸업까지 완주할 수 있는 학생을 뽑아야 한다.

예를 들어, 의학 계열이라면
전과목 우수한 성적은 기본,
특히 생명과학, 화학, 수학 과목에서의 안정적인 상위 성취가 필
수다.
공학 계열이라면
수학과 과학에서의 지속적인 문제 해결력이 전제된다.
경영학과를 목표로 한다면
수학, 읽기, 분석, 논리 전개 능력이 교과 성취로 드러나야 한다.

대학은 묻는다.
"이 학생이 우리 수업을 따라올 수 있는가?"
그리고 그 답을 학생부의 성취도에서 찾는다.
관심은 말로 표현할 수 있지만,
실력은 기록으로만 증명된다.
아무리 입학하고 싶어도
그 실력이 학생부에서 객관적으로 검증되지 않으면
대학은 책임 있게 선발할 수 없다.
입학 이후 학업 부진으로 이어질 가능성까지 고려해야 하기 때문이다.

그래서 중학교 시기의 진로 탐색은
"무엇을 좋아하느냐"에서 멈추면 안 된다.
"어떤 과목에서 안정적으로 성과가 나는가",
"어떤 영역에서 투자 대비 결과가 잘 나오는가"를 먼저 봐야 한다.

같은 노력이라도
어떤 아이는 수학에서 성적이 빠르게 올라가고,
어떤 아이는 국어 독해에서 강점을 보이며,
어떤 아이는 과학 탐구에서 꾸준히 상위권을 유지한다.
이 데이터를 인정하는 것이
현실적인 진로 탐색의 출발점이다.

먼저 성적이 안정적으로 나오는 과목을 확인한다.

그 과목과 연결된 학과를 조사한다.

그 학과를 졸업한 뒤 가능한 직업을 살펴본다.

그리고 그 안에서 아이의 흥미를 맞춘다.

이게 진로다.

어떤 과목에서 우위를 가지는가?

추측으로 알 수 없다.

그래서 다양한 교과를 힘껏 해 보고, 그 결과를 확인해야 한다.

실천 Tip

- "좋아하는 과목"이 아니라 "점수가 안정적으로 나오는 과목"을 먼저 확인한다.

  과목별 점수 변동을 보자. 노력 대비 결과가 꾸준히 나오는 과목이 무엇인지 객관적으로 체크한다.

- 희망 직업을 말하면 "그 학과에서 무엇을 배우는지"를 먼저 함께 찾아본다.

  예를 들어, 의사를 말하면 의대 커리큘럼에 생명과학, 화학, 해부학이 있다는 사실을 보여준다. 그리고 "이 과목 성적이 지금 기준에 맞는지"를 함께 점검한다.

- 학기 말마다 진로와 성적을 함께 다시 점검한다.

  진로를 이루기 위해서 성적이 합당한지 확인해서 스스로 자극

  을 받도록 한다

2

문 · 이과 선택, 유행이 아니라 과학실력이 문제다

"문 · 이과 선택은 기대가 아니라 객관적 결과로 결정해야 한다. 최소 1년 이상 수학과 과학에서 안정적인 성취를 유지했을 때 이과 선택의 가치가 있다."

최근 인공지능, 반도체, 바이오산업이 부각되면서
이과 선택이 하나의 흐름처럼 여겨진다.
"요즘은 이과가 대세라던데요."
"AI 시대에 문과는 불리하지 않을까요?"

그러나 흐름은 방향을 알려줄 뿐, 개인의 적합성을 보장해 주지 않는다.
이과는 '전망이 좋아 보이는 선택'이 아니라
수학과 과학을 깊이 있게 다뤄야 하는 선택이다.

고등학교에서 이과를 선택하면
수학은 미적분과 기하 중심으로 심화되고,

과학은 물리, 화학, 생명과학, 지구과학 중 최소 두 과목 이상을
깊이 있게 다룬다.

문제는 여기서 끝나지 않는다.
심화 과학지식은 아이들이 발목을 잡기 일쑤다.
공과대학이나 자연과학계열에 진학하면
공학수학, 고급물리, 유기화학, 선형대수학 같은 과목이 기본이
된다.

고등학교 때 "조금 어렵다" 정도였던 개념이
대학에서는 증명과 계산 중심으로 전개된다.
예를 들어, 고등학교 물리에서 힘과 가속도를 이해하는 수준과
대학에서 미분방정식으로 운동을 해석하는 수준은 전혀 다르다.

대학에 들어갔다고 끝이 아니다.
기초가 부족한 상태로 진학하면 가장 먼저 흔들리는 것은 학점이다.

이 간격을 감당하지 못하면
수업을 듣고도 이해하지 못하는 상황이 반복된다.
일부 대학에서는 전공 필수 과목에서 낙제율이 20~30%를 넘는
경우도 있다.

학점이 떨어지면 자존감이 함께 낮아진다.
"내가 왜 이 학과를 선택했지?"라는 의문이 반복된다.
전공 수업을 따라가기 위해
다시 과외를 찾고, 선배나 외부 강사를 수소문한다.
실제로 대학 입학 후
"전공 과외 선생님을 소개해달라."는 요청을 받는 경우도 적지
않다.

학점은 회복되지 않고, 재수강이 늘어나며 졸업이 늦어지기도
한다.
결국 휴학을 선택하고 진로를 다시 고민하는 학생들도 많다.

한두 번 높은 점수를 받았다고 판단하지 말고,
최소 1년 이상 과학과 수학에서
안정적인 결과를 유지했는지를 보아야 한다.

그래서 문과, 이과 선택은
유행을 따르는 결정이 아니라
현재 실력을 냉정하게 점검한 뒤 내리는 전략적 선택이어야 한다.

- 고등학교 과학 성적을 "한 번"이 아니라 "연속 3번" 이상 확인한다.

  중간, 기말, 모의고사까지 최소 세 번 이상 안정적으로 상위권을 유지하는지 본다.

- 진로 관련 교과의 고난도 문제를 직접 풀어보게 한다.

  학교 시험 수준이 아니라 심화 문제집 한 단원을 끝까지 풀어보게 한다. "좋아한다"가 아니라 "공부할 의지가 있는가"를 확인하는 과정이다.

- 진로 관련 학과의 커리큘럼을 미리 살펴본다.

  희망 학과의 1학년 전공 과목명을 찾아보고, 교재와 강의계획서를 확인한다. 아이에게 직접 읽어보게 하고 "해보고 싶다."는 반응이 나오는지 본다.

- '대학 가면 잘하겠지.'라는 생각을 하지 않는다.

  입학은 통과선일 뿐이다. 전공을 소화할 실력이 지금 학생부와 성적으로 검증되고 있는지 냉정하게 점검한다.

3

대학에서 '학업점수'가 아닌, '학업역량'을 강조하는 이유

"같은 1등급도 입시 결과는 달라진다. 대학은 점수만이 아니라 전공을 공부할 준비가 된 기초 지식과 탐구 태도를 함께 평가해 학생을 선발하기 때문이다. 그래서 대학의 입학요강에서도 '학업점수'가 아니라 '학업역량'이라는 말을 쓴다."

많은 학부모와 학생은 '학업'이라는 단어를 들으면
자연스럽게 내신 점수를 떠올린다.
몇 등급인가, 평균이 얼마인가가 곧 학업의 전부라고 생각한다.
그러나 대학의 관점은 다르다.

대학 모집요강을 보면 "높은 점수의 학생을 선발한다."는 표현은
보이지 않는다.
대신 반복해서 등장하는 단어가 있다.
바로 "학업역량"이다. 대학은 점수가 아니라 역량을 평가한다고
명확히 밝힌다.

점수는 결과다. 한 시험에서 얻은 숫자고,
일정 기간의 성취를 압축한 지표다.
반면 역량은 과정이다.
그 점수를 만들어낸 이해력, 개념을 연결하는 사고력,
학습을 지속하는 힘,
수업 내용을 확장하는 탐구 태도까지를 포함한다.
같은 1등급이라도 입시결과에 차이가 나는 이유가 여기에 있다.
숫자는 같지만, 대학에서는 전공을 따라갈 준비 정도가 다르다고
판단되기 때문이다.

그래서 대학은 점수로 기본 학업 수행 가능성을 1차 확인하고,
학생부의 탐구 기록을 통해 학업역량을 다시 판단한다.
학업역량은 크게 세 가지로 드러난다.
첫째, 교과 이해의 깊이다.
단순 암기가 아니라 개념을 설명하고 적용할 수 있는 수준이다.
둘째, 확장성이다.
수업에서 배운 내용을 바탕으로 질문을 만들고 탐구로 이어간
경험이다.
셋째, 지속성이다. 고교 3년 동안 안정적으로 학업을 유지한 기
록이다.

대학은 시험 대비 계획이 아니라

전공 분야에서 어떤 문제를 탐구하고 싶은지,
어떤 학문적 관심을 가지고 있는지를 묻는다.

대학은 시험을 치르는 공간이 아니라
연구를 수행하는 공간이기 때문에 그렇다.
강의와 평가가 존재하지만,
중심은 질문을 만들고 자료를 분석하며 논리로 정리하는 과정에
있다.
따라서 입시에서도 교과를 기반으로 한 탐구 경험을 중요하게
본다.

흔히 이를 비교과라고 부르지만,
사실상 교과와 분리된 활동이 아닌 '교과연계활동'이다
수업에서 배운 개념을 확장하고, 스스로 의문을 제기하며,
자료를 찾아 정리하며 나의 의견을 만든 기록이 바로 학업역량의
증거다.

대학은 역량으로 최종 선택을 한다.
그래서 고등학교는 중요한 전환점이다.
중학교까지 점수가 중심이었다면,
고등학교에서는 점수와 함께 역량을 보여주는 기록이 함께 쌓여
야 한다.

대학입시의 모집요강에 '학업점수'라는 표현 대신,
'학업역량'이라는 단어가 반복되는 이유는 분명하다.

대학은 높은 숫자를 가진 학생이 아니라,
학문을 이어갈 준비가 된 학생을 선발하고 있기 때문이다.

실천 Tip

- 수행평가 만점에 안주하지 않는다.

  형식만 맞추면 만점을 받는 일에 만족하지 말자. 대학은 그 내용까지 평가한다.

- 진로와 연결된 자료를 직접 읽게 한다.

  관심 직업과 관련된 전공 서적 일부, 학과 소개 자료, 실제 연구 기사 등을 읽어보며 '전문적인 글의 톤'을 익히게 한다.

- 컴퓨터 활용 능력을 만든다.

  한글 문서 정리, 표 만들기, 참고자료 정리, PPT 구성까지 스스로 해보게 하자. 모든 탐구 내용은 컴퓨터기술로 표현된다.

4

학교생활기록부의 경쟁력은 탐구에서 시작된다

"탐구는 입시에서 피할 수 없는 과정이다. 중학교 때부터 미리 경험해 두면 고등학교에서의 성과는 더 크게 나타난다. 잘하자는 것이 아니다. 출발선을 앞당겨 미리 출발하자는 것이다."

중학교 시기부터
탐구 경험을 만들어 두는 것이 좋다.

과거에도 중학교에는
탐구보고서와 발표 활동이 있었다.
하지만 수행평가 기준만 충족하면
큰 고민 없이 만점을 받을 수 있었고,
대부분 "점수만 받으면 되지."라는 생각을 갖는다.

진로가 뚜렷하지 않은 시기이기도 해서
탐구는 하나의 과제로만 여겨졌다.

그러나 입시 제도는 달라지고 있다.
학생부종합전형의 비중은 높아지고 있고,
2040학년도 수능 폐지까지 논의되는 상황에서
학생부 기록의 중요성은 더욱 커지고 있다.

고등학교에서는 모든 학생이 탐구를 한다.
차이는 '해봤는가'에서 나온다.

중학교 때
스스로 주제를 정하고,
개요를 만들고, 자료를 정리하고,
자기 의견으로 결론을 써본 경험이 있는 학생은
고등학교에서 탐구의 수준을 쉽게 높인다.

반면
"그냥 인터넷에서 정리하면 되지.",
"형식만 맞추면 되지."라는 태도로 지나온 학생은
학생부의 양이 많아도 합격과 멀어진다.

왜 대학은 탐구를 이렇게 중요하게 볼까.
대학에서의 학습은
정답을 외우는 과정이 아니라

스스로 질문을 만들고,
자료를 찾고,
논리로 정리하는 탐구의 과정이기 때문이다.

중·고등학교 학습은
주어진 내용을 정확히 이해하고
시험에서 재현하는 능력이 중심이다.

반면 대학 학습은
"왜 그런가?",
"다르게 해석할 수는 없는가?"를 묻는 과정이다.

그래서 대학은
이미 탐구를 경험해 본 학생을 찾는다.
탐구 역량은
대학 수업을 따라갈 수 있는 기본 조건이기 때문이다.

결국 중학교에서의 작은 탐구 경험은
고등학교 학생부를 준비하는 연습일 뿐 아니라
대학에서의 학습 방식을
미리 익히는 과정이기도 하다.
탐구는 점수를 위한 형식이 아니다.

대학에서 살아남을 수 있는 힘을
만드는 과정이다.

내신은 대학의 수준을 결정한다.
하지만 대학에 지원하는 순간,
내신의 변별력은 크게 줄어든다.

어떤 학생은
"내신은 비슷한데 왜 결과가 다르죠?"라고 묻는다.
답은 분명하다.
세특에 남은 탐구의 깊이와 지속성이
대학입시의 성패를 좌우하기 때문이다.

 실천 Tip

- 중학교 때부터 "한 학기 한 주제"를 정해 보고서를 써보게 한다.
  수행평가와 별도로, 작은 주제라도 스스로 정해 자료를 찾고 결
  론까지 써보게 한다.
- 인터넷 복붙을 금지하고 '출처 3개 이상' 원칙을 세운다.
  한 자료만 보지 말고 서로 다른 자료를 비교하게 한다. 같은 주제
  를 다른 관점으로 정리해 보는 훈련이 탐구의 깊이를 만든다.

- 결론에 반드시 '내 생각 5줄'을 쓰게 한다.

  요약으로 끝내지 말고, "그래서 나는 이렇게 생각한다."를 적게 한다. 대학이 보는 것은 정리 능력이 아니라 판단 능력이다.

- 교과 내용과 진로를 연결해 보는 연습을 한다.

  배운 단원 하나를 두고 "이 내용이 내 진로와 어떻게 이어질 수 있을까?"를 생각해보게 한다.

5

중학교 탐구의 끝판왕 '교내과학탐구대회'

"중학교에서 열리는 교내과학탐구대회는 탐구의 시작과 끝을 배울 수 있는 절호의 기회다. 결과에 욕심내지 말고 경험을 쌓으면, 고등학교 탐구의 기준을 정확히 알 수 있다."

탐구를 준비하는 효과적인 기회는 중학교마다 열리는 교내 과학 탐구대회다.

이 대회는 대부분의 중학교에서 열리고,
학교 대표로 선정되면 교육청 단위 대회까지 이어진다.
규모도 있고 절차도 체계적이다.

과학 중심 대회이기 때문에
이과 성향의 학생이 유리해 보일 수 있다.
그러나 중학교는 아직 문과와 이과로 나뉘기 전이다.
오히려 부담 없이 도전해 볼 수 있는 마지막 시기다.

이 대회의 가치는 수상에 있지 않다.
주제 설정, 탐구 계획, 가설 수립, 자료 조사, 분석, 보고서 작성,
발표까지 전 과정을 스스로 설계해 보는 데 있다.

물론 학교 수업 시간에도 탐구를 한다.
하지만 대부분 주제와 절차가 이미 정해져 있고 분량도 제한적이다.
틀 안에서 움직이는 활동이다.

반면 과학탐구대회는 다르다.
"무엇을, 왜, 어떻게 탐구할 것인가"를 스스로 정해야 한다.

많은 학부모가 묻는다.
"아직 중학생인데 너무 이른 것 아닌가요?"
현실은 반대다.

고등학교에는 길게는 1년, 짧게는 한 학기 동안 진행하는 장기 탐
구 프로젝트가 있다.
이러한 탐구는 단순한 교과 세특이 아니라
진로활동이나 개인별 세특에 기록된다.
학생부에서 차지하는 비중도 가장 크다.

이 수준의 탐구는 중학교 과학탐구대회와

기본 절차는 크게 다르지 않다.

질문을 만들고, 연구계획서를 작성하고,
실험을 통해 결론을 도출하는 방식은 같다.

중학교 때 큰 규모의 탐구를 경험해 본 학생은
고등학교 장기 프로젝트를 마주했을 때
막막하지 않다.

어디서 시작해야 하는지 알고,
과정을 어떻게 나눠야 하는지 알고,
보고서의 완성 기준을 이해한다.

반면 처음 접하는 학생은
주제 선정 단계에서부터 흔들린다.
이 차이는 시간 관리의 차이로,
완성도의 차이로 이어진다.

물론 쉽지 않다.
시간도 많이 들고 과정도 복잡하다.
그러나 끝까지 해본 경험은
"탐구는 이렇게 하는 거구나."라는 감각을 남긴다.

그 감각은 자신감으로 이어진다.

고등학교에서 장기 탐구를 마주했을 때
두려움보다 익숙함이 먼저 떠오른다.

결국 탐구는
해본 아이와 처음 해보는 아이의 차이다.
고민을 처음 해 보는 아이와
고민의 근육이 만들어져 있는 아이를 구분한다.

제대로 된 탐구의 기준을 한 번 세워본 아이는
고등학교에서 분명히 다른 출발선에 선다.

그 앞선 출발선은
학생부의 질을 높이고,
결국 대학입시를 더 유리하게 만든다.

- 부모가 옆에서 함께 시작한다.

  처음부터 아이 혼자 하게 두기보다, 주제 정하기와 실험 설계를 함께 고민해 본다. 함께 절차와 과정를 익히는 과정으로 여긴다.

- 주제는 거창하지 않게 정한다.

  "얼음은 소금에서 얼마나 더 빨리 녹을까?"처럼 생활 속 궁금증이면 충분하다. 깊이보다 '질문을 해결해 본 경험'이 더 중요하다.

- 인터넷 자료를 참고해 절차를 따라 해본다.

  기존 실험을 모방해 보는 것도 훌륭한 연습이다. 모방을 통해 탐구의 기본 틀을 배운다.

- 대회 제출 문서를 실제 형식에 맞춰 작성해 본다.

  연구 동기, 가설, 방법, 결과, 결론의 목차를 그대로 지켜서 써 보게 하자. 형식을 갖춘 글을 써보는 경험이 탐구의 뼈대를 만든다.

- 수상보다 참가에 의미를 둔다.

  결과에 집착하지 말고 "끝까지 완성했다."는 경험에 초점을 둔다.

4장

부모의 역할은 관리와 준비다

1

스마트폰, 기준 없는 사용이 문제다

"금지는 갈등을 만들고, 기준은 습관을 만든다. 스마트폰을 통제의 대상이 아니라 관리의 영역으로 옮기자. 그 순간 아이의 하루에 기준이 생기고, 그 기준이 쌓여 생활 리듬과 학습 태도가 함께 만들어진다."

부모 상담을 하다 보면 가장 자주 듣는 말이 있다.
"우리 아이는 매일 스마트폰만 해요."

대부분의 가정은 두 가지 극단 사이를 오간다.
하나는 모든 것을 막으려다 갈등만 키우는 경우,
다른 하나는 "요즘 애들은 다 그래."라며 사실상 방치하는 경우다.

문제는 스마트폰이 아니다.
문제는 기준이 없는 상태다.
수면 시간, 생활 리듬, 스마트폰 사용 방식은
아이의 하루를 구성하는 핵심 요소다.

이 세 가지가 흔들리면 공부도 함께 흔들린다.

많은 부모가 스마트폰을 "통제"하려 한다.
스마트폰 문제의 핵심은 사용 여부가 아니라
사용 계획이 없다는 것이다.

계획이 없는 사용은
시간을 잡아먹고, 수면시간을 줄이고,
공부를 '남는 시간에 하는 일'로 만든다.

그래서 스마트폰은 금지의 대상이 아니라
생활 안으로 끌어와야 할 대상이다.
예를 들어,
- 숙제와 복습이 끝난 뒤 30분
- 주말 낮 시간에 한정
- 잠들기 1시간 전 사용 금지
- 밤에는 거실에 보관하기

이런 기준은 통제가 아니라 규칙이다.
규칙이 생기면 아이는 스마트폰을
"참아야 하는 유혹"이 아니라
"정해진 시간에 쓰는 도구"로 생각한다.

통제는 "하지 마."라고 말하는 방식이고,
관리는 "우리 기준이 뭐였지?"라고 묻는 방식이다.
기준이 분명한 가정에서는 스마트폰이 문제가 되지 않는다.

기준이 흔들리는 가정에서는
스마트폰이 갈등의 중심이 된다.
결국 아이의 하루를 관리하는 핵심은
스마트폰을 뺏는 일이 아니라
생활의 기준을 세우는 일이다.

 **실천 Tip**

- 수면공간과 스마트폰을 분리한다.

  잠자기 전 1시간은 충전 장소에 두고 방으로 가져가지 않는다.
  수면 리듬이 무너지면 집중력과 회복력이 함께 흔들린다.
- 스마트폰을 감정이 아닌, "시간표"에 넣는다.

  "오늘은 많이 했으니 그만"이 아니라 매일 같은 시간 · 같은 장소
  같은 분량으로 정한다. 정해진 시간 외에는 자동 종료가 원칙이다.
- 부모가 먼저 모범을 보여준다.

  식사 중, 대화 중, 공부 시간에 부모가 먼저 휴대폰을 내려놓는
  다. 규칙은 말보다 행동으로 더 빨리 전달된다.

2

기준이 없는 자율은 방임이다

"부모는 관리가 버거워질 때 '자율'이라는 선택을 꺼낸다. 그러나 준비되지 않은 자율은 사랑이 아니라 방임에 가깝다. 아이에게 자유를 주기 전에 흔들리지 않는 기준이 세워져야 한다. 기준을 세우고 따르는 훈련이 쌓일 때, 아이는 입시를 끝까지 견딜 힘을 갖게 된다."

요즘 부모들이 자주 말하는 표현이 있다.
"아이의 판단을 존중한다.", "자율적으로 맡긴다."는 말이다.
아이를 믿고, 아이의 선택을 존중하고,
스스로 하게 두는 것이 좋은 교육이라고 생각한다.
틀린 말은 아니다.

그러나 입시 현장에서 보면,
이 말이 자율이 아니라 방치로 작동하는 경우를 자주 본다.

자율은 준비된 아이에게만 가능한 선택이다.

기준과 규칙이 명확히 존재하고,
그 안에서 선택권을 주는 것이 자율이다.

방치는 기준도, 점검도 없이 "알아서 하겠지."라며 손을 떼는 상태다.
겉으로는 비슷해 보이지만 결과는 전혀 다르다.

특히 초등과 중등 시기의 아이들은
아직 자기 통제 능력이 충분히 자라지 않았다.
지금 재미있는 것, 당장 편한 것에 쉽게 끌린다.
이 시기에 "자율에 맡긴다."는 말은 선택권을 주는 것이 아니라
유혹에 노출된 상태로 두는 것에 가깝다.

그래서 가정 안에는 반드시 명확한 기준이 있어야 한다.
공부 시간, 스마트폰 사용 시간, 취침 시간,
하루 학습의 최소량. 이 네 가지는 부모가 책임지고 정해야 하는
기본이다.

자율은 통제의 반대가 아니다.
자율은 잘 설계된 통제의 다음 단계다.
아이를 믿지 말라는 뜻이 아니다.
아이를 믿되, 환경은 부모가 설계하고 관리해야 한다는 뜻이다.

아이의 의지를 시험하기보다,
의지가 흔들리지 않도록 하는 방법을 먼저 만들어야 한다.
집에서 정해진 기준을 따르는 경험은 그 자체로 중요한 훈련이다.
정해진 시간에 공부하고, 정해진 시간에 스마트폰을 내려놓고,
정해진 시간에 잠자리에 드는 습관은
자연스럽게 학교와 학원에서의 학업 태도로 이어진다.

이 과정은 단순히 성적을 위한 관리가 아니다.
사회 안에서 규칙을 이해하고,
역할과 책임을 감당할 수 있는 힘을 기르는 과정이다.

고등학생이 되면 현실은 더 분명해진다.
학교 시험은 정해진 범위와 시간이라는
통제 속에서 치러진다.

학교생활기록부는 정해진 기준과 평가 체계 안에서 기록된다.
대학입시 역시 모집요강, 전형 방법, 평가 요소라는 구조를 따라야
한다.
감정이나 기분대로 움직일 수 있는 영역이 아니다.

자신의 생각과 감정을 조절하고,
정해진 기준에 따라 행동할 수 있는 힘 역시 중요한 능력이다.
통제를 지키고 따르는 훈련이 되어 있지 않으면,

힘들 때마다 감정이 먼저 작동한다.

하기 싫다는 마음이 계획을 이기고, 순간의 기분이 목표를 앞선다.
결국 통제를 이해하고, 받아들이고, 따를 줄 아는 아이가
입시라는 긴 과정을 완주한다.

그리고 그 아이가 대학 합격이라는 결과를 손에 쥔다.
기준 없이 맡겨진 자유는 아이를 성장시키지 않는다.
잘 설계된 통제 속에서 선택을 경험한 아이만이
진짜 자율을 갖게 된다.

 실천 Tip

- 가정의 기준을 문서로 정해 벽에 붙인다.

  공부 시작 시간, 스마트폰 사용 시간, 취침 시간, 하루 최소 학
  습량을 가족회의를 통해 구체적으로 정하고 눈에 보이는 곳에
  붙여둔다. 말로만 약속하지 말고 '보이는 규칙'으로 만든다.

- 기준은 감정이 아니라 원칙으로 적용한다.

  기분이 좋을 때는 봐주고, 화가 날 때는 강하게 통제하는 식의 반
  응을 피한다.

- 작은 통제부터 스스로 지키게 훈련한다.

"지금 스마트폰 내려놓을 시간이야!"라고 부모가 대신 끊어주기보다, 타이머를 맞추고 스스로 멈추게 한다. 정해진 시간에 책상에 앉는 훈련을 반복하면서 '따르는 경험'을 쌓게 한다.

3

입시의 복병, 중학생 사춘기와 고등학생 우울증(오춘기)

"감정은 흔들릴 수 있다. 하지만 학습 흐름이 끊기지 않아야 중학교와 고등학교에서 결과가 만들어진다. 최소한의 루틴이 다시 시작할 마중물이 된다."

아이의 청소년 시기, 부모가 넘어야 할 큰 산이 있다.
사춘기다.

사춘기는 어느 날 갑자기 시작되는 사건이 아니다.
대체로 중학교 1학년 무렵부터 시작되고,
빠른 경우에는 초등학교 5학년이나 6학년에도 나타난다.
호르몬 변화가 급격하게 진행되기 때문이다.

이 시기가 되면 아이의 몸뿐 아니라 관계와 태도도 함께 달라진다.
가장 먼저 나타나는 변화는 부모와의 거리다.
작은 일에도 갈등이 잦아진다.
부모는 "갑자기 아이가 달라졌다."고 느끼지만,

아이의 입장에서는 자연스러운 변화다.

흥미로운 점은,
친구들과의 관계에서는 이전 모습, 즉 본캐가 유지된다는 것이다.
문제는 부모 앞에서 만들어지는 부캐다.
부모와의 대화를 최소화하고,
감정을 숨기거나 폭발시키는 모습이 반복된다.

그래서 사춘기는 대화 단절과 갈등 폭발로 체감된다.
사춘기는 서서히 시작되지만, 깊이는 예상보다 훨씬 깊어진다.
짧게는 1년, 길게는 2년에서 3년까지 이어진다.

이 시기에 부모가 명심해야 할 점이 있다.
사춘기 자체를 해결하는 방법은 사실상 없다.
아이의 호르몬 변화를 멈출 수는 없기 때문이다.

그래서 사춘기 갈등을 없애려 하기보다,
그로 인해 생길 수 있는 부작용을 줄이는 데 집중해야 한다.

큰 부작용은 학습을 완전히 놓아버리는 일이다.

감정이 흔들리는 시기에
공부까지 중단되면,

이후 회복하는 데 훨씬 더 많은 시간이 필요하다.

그래서 중요한 것은
사춘기가 오기 전에 부모가 상황을 인정하고
미리 준비하는 일이다.

방법은 의외로 단순하다.
사춘기가 오기 전, 혹은 초입에
아이와 약속을 만드는 것이다.

"너도 곧 사춘기가 올 수 있어."
"그때 힘들어질 수도 있어."
"그래도 이것만은 지켜줬으면 좋겠어."
이렇게 미리 이야기하고,
사춘기 상황에서도 최소한으로 유지해야 할 활동을
함께 정해두는 것이다.

학습의 양이 아니라
학습을 완전히 끊지 않는 선을 정하는 것이 핵심이다.
일반적으로 사춘기는 중학교 3학년 무렵이면 마무리된다.

그러나 여기서 끝이 아니다.
많은 아이들이 또 한 번의 위기를 겪는다.

이른바 입시스트레스에 의한 우울증이 나타나는 '오춘기'다.
오춘기는 고등학교 1학년에서 2학년으로 넘어가는 시점,
혹은 고2 1학기 말에 자주 나타난다.

이 시기의 오춘기는
사춘기와 발생 원인이 완전히 다르다.
사춘기가 호르몬 변화에서 비롯된 신체적·정서적 혼란이라면,
오춘기는 현실 인식에서 비롯된다.

아무리 노력해도 성적이 더 이상 오르지 않는다는 느낌,
자신의 한계를 마주하게 되는 경험,
그리고 고갈된 에너지와 입시에 대한 두려움이
오춘기를 만든다.

이 시기 아이들은 다시 말수가 줄어들고,
우울감을 느끼며,
대학 진학에 대한 회의와
자신감의 급격한 저하를 겪는다.
하지만 오춘기는 예방이 가능하다.

예방을 위한 핵심은 고등학교에서의 성취 경험이다.
상위권 성적을 통해
"나는 할 수 있다."는 감각을 스스로 만들어낼 수 있다면,

자존감과 자신감이 유지된다.

이 감각은
입시에 대한 두려움을 크게 줄여준다.

그래서 고등학교 선택은 매우 중요하다.
우리 아이가 지나치게 버거운 환경이 아니라
노력하면 성과를 만들 수 있는 학교를 선택해야 한다.

사춘기와 오춘기는 피할 수 없는 성장 과정이다.
그러나 부모가 준비하고 방향을 잡아준다면,
그 시기는 무리 없이 지나갈 수 있다.

실천 Tip

- 사춘기 이전에 '최소 학습선'을 함께 정해둔다.
  감정이 격해지기 전에 "어떤 상황이 와도 이것만은 지키자."는
  기준을 만든다. 예를 들어, 하루 30분 복습, 영어 단어 20개,
  수학 3문제처럼 매우 구체적으로 정한다.
- 갈등이 생겨도 학습 루틴을 깨지 않는다.
  대화가 줄고 짜증이 늘어나도 공부 시간 자체를 없애지 않는다.

감정 문제와 학습 루틴을 분리해 관리한다. 오늘 기분이 나쁘더라도 정해진 시간에 책상에 앉는 습관을 유지한다.

- 사춘기를 함께 대비하자.

사춘기가 왔을 때 어떻게 대비할 것인지 아이와 대화해서 마음의 준비를 해둔다. 그래서 갈등이 폭발하지 않도록 한다.

4

고등학교 선정 기준은 아이의 '현재' 실력이다

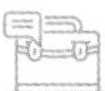

"아이에게 유리한 고등학교는 잘하는 친구들이 많은 곳이 아니라 노력한 만큼 성과를 내는 곳이다. 노력에 대한 보람을 느낄 수 있는 학교가 아이의 자존감을 만들고, 자존감은 대입 합격의 엔진으로 작용한다. 따라서 현재의 실력이 고교선정의 기준이 되어야 한다."

고교 선택은 단순한 진학 문제가 아니다.
고등학교 3년은 대학입시에 직접 연결된다.
중학교 활동은 대학 평가에 포함되지 않지만,
고등학교 학교생활기록부는 그대로 평가 대상이 된다.
그래서 고교 선정은 신중해야 한다.

중학교 1학년이 지나 학교생활에 어느 정도 적응하고 나면,
부모의 고민은 자연스럽게 다음 단계로 옮겨간다.
"어떤 고등학교에 가야 할까?"

이때 가장 위험한 생각이 있다.
"분위기 좋은, 공부 잘하는 학교에 가면 우리 아이도 따라 잘하지 않을까?"
겉으로는 그럴듯하다.

하지만 입시 구조를 생각하면 현실은 그렇게 단순하지 않다.
고등학교에서의 평가는 절대평가가 아니다.
내신은 교내에서 등급으로 나뉘고,
세특의 완성도도 같은 학교 안에서 비교된다.
학교생활기록부는 1차적으로 교내 경쟁의 결과물이다.

따라서 '좋은 학교'가 곧 '유리한 학교'는 아니다.
만약 우리 아이가 후발주자로 들어가는 상황이라면,
수준이 높은 학교는 오히려 부담이 커질 수 있다.

이미 오랜 시간 준비해 온 학생들 사이에서
학습 습관과 축적량의 차이가 크게 느껴질 수 있기 때문이다.

이 환경에서 생기는 가장 큰 위험은
"아무리 해도 성적이 안 오른다."는 감정이다.

열심히 하는데 결과가 따라오지 않는다고 느끼는 순간,
동기가 약해지고,

학생부를 채우려는 의지도 함께 줄어든다.
아이가 지치면 내신도 흔들리고, 탐구도 줄고, 기록도 얇아진다.

반대로 적당한 수준의 학교에서
"노력하면 성적이 오른다."는 경험을 자주 하는 학생은 다르다.
성적이 오르면 자신감이 생기고,
자신감이 생기면 더 시도하게 되고,
그 시도가 탐구와 활동으로 이어지면서 학생부의 경쟁력이 올라
간다.

"나의 내신과 탐구가 더 빛난다."는 성취를 느낄 때,
대학입시를 끝까지 밀어붙이는 힘이 만들어진다.

과거 내신이나 학생부에서 불리하다고 느끼면
수능에 집중하는 대안이 있었다.
그러나 지금은 정시에서도 학교생활기록부 평가 비중이 커졌다.
결국 학생부 경쟁에서 완전히 벗어날 길은 거의 없다.

그래서 더더욱
성취감을 경험할 수 있는 환경을 선택하는 일이 중요하다.

그래서 고등학교 선택은
명성보다 아이의 실력을 냉철하게 봐야 한다.

우리 아이가 그 경쟁 속에서 지쳐 무너지기 쉬운 환경인지,
아니면 성장할 수 있는 환경인지가 더 중요하다.

고교 선택은 '좋은 학교'가 아니라
'우리 아이가 결과를 만들 수 있는 학교'를 고르는 일이다.

실천 Tip

- 중학교 내신으로 '객관적 위치'를 먼저 계산한다.
  희망 학교의 수준과 비교해 우리 아이가 상위 20% 안에 들어
  갈 가능성이 있는지 점검한다.
- 졸업생 진학 결과를 '평균'이 아니라 '등급 구간별'로 본다.
  "서울대 몇 명 보냈다"가 아니라, 인터넷 커뮤니티를 통해서 3~4
  등급대는 어디까지 가능한지 정보를 확인한다.
- '성취 경험 가능성'을 최우선 기준으로 둔다.
  "이 학교가 유명한가?"가 아니라 "이 학교에서 우리 아이가 3년
  동안 10등 이내에 들 수 있을까?"

5

회복전략: 특목고 떨어진 아이에게 일반고는 우울하다

"특목고 탈락은 끝이 아니다. 회복하지 못하는 시간이 진짜 위험이
다. 떨어진 고교에 대한 미련으로 입시 동력을 잃지 말자. 그래서
특목고 입시에는 회복전략이 함께 해야 한다."

몇 년 동안 특목고를 준비한 아이에게 합격은 목표가 아니라
"당연한 결과"처럼 느껴지기도 한다.
중학교 3년 동안 수학과 과학에 집중했고,
주말을 반납했고, 주변 친구들도 같은 목표를 향해 달려왔다.

그래서 결과 발표 날,
"불합격"이라는 소식은 단순한 실패 이상이다.
"나는 여기까지인가?" "그동안의 노력은 뭐였지?"
특히 영재학교나 과학고를 준비했던 아이들의 경우
충격은 더 크다.

이 아이들은 이미 자신을 "이과 최상위권"으로 스스로 인식하고 있다.

수학과 과학은 자신 있었고, 주변에서도 기대를 받았다.
그런데 일반고에 배정된 순간,
자신의 수준이 갑자기 낮아진 것처럼 느껴진다.

게다가 함께 준비하던 친구들의 합격 소식은
기쁨이 아니라 비교의 기준이 된다.
"쟤는 붙었는데 나는 떨어졌다."
이 비교는 조용히 자존감을 깎는다.

문제는 그다음이다.
중학교 3년 동안 수학과 과학에 집중해 왔기 때문에
국어, 사회, 한국사와 같은 과목을 공부하는 일이 낯설기만 하다.
에너지도 거의 남아 있지 않다.

여전히 머릿속에서는
"수학이 중요해.", "과학이 핵심이야."
그런데 고등학교 내신은 전 과목을 평가한 결과다.

수학과 과학은 잘 보는데 다른 과목이 무너지기 시작하면
내신 전체가 흔들린다.
그러면 또 한 번의 충격이 온다.
"특목도 못 갔는데, 일반고에서도 중간이라니."

이 감정이 길어지면 우울감으로 이어진다.
공부 의지가 약해지고, "어차피 안 된다."는 생각이 자리 잡는다.

입시 현장에서 고1 1학기 전체를 무기력하게 보내버린 이런 사례를
너무 많이 보았다.

결국 핵심은
"얼마나 빨리 회복하느냐"다.

특목고 불합격 그 자체는 대학입시에서 치명적이지 않다.
그러나 그 후 1년의 절망은 치명적일 수 있다.
그래서 특목고를 준비할 때
반드시 해야 할 말이 있다.
"떨어질 수도 있다."

이 말을 미리 해두어야 한다.
그리고 이렇게 덧붙여야 한다.
"이건 대학 입시를 준비하는 과정 중 하나야."

결과 발표 후
"일반고가 적성인가 보다." "여기서 상위권 하면 되지."
이렇게 말할 수 있는 환경을 미리 만들어 두어야 한다.

- 결과 발표 전에 '불합격 시나리오'를 미리 이야기한다.

  "떨어지면 어떻게 할까?"를 미리 상의한다. 일반고에서 상위권을 만드는 전략까지 구체적으로 계획해 둔다. 결과가 나왔을 때 충격을 줄이는 장치다.

- 합격·불합격을 실력의 전부로 해석하지 않게 한다.

  "학교가 너를 떨어뜨린 것이지, 네 가능성을 떨어뜨린 건 아니야!"라고 분명히 말해준다.

- 고1 1학기 내신을 '재출발의 시즌'으로 설정한다.

  입학 전부터 전 과목 관리 계획을 세운다. "이번 시험은 전체 상위 10%가 목표"처럼 구체적 기준을 제시한다.

- 빠른 성공 경험을 만들어준다.

  첫 시험에서 한 과목이라도 확실한 성취를 경험하게 한다. 작은 성과가 회복의 시작점이 된다.

스마트폰 관리의 시작은 숙면시간 확보

A군의 부모는 스마트폰 게임 중독을 걱정하며 상담을 요청했다.

부모의 가장 큰 걱정은
"게임 때문에 공부가 아예 안 됩니다."
"말리면 싸움이 되고, 놔두면 불안합니다."
부모는 게임 자체를 문제로 보고 있었다.

A군은 밤이 되면 스마트폰을 손에서 놓지 못했다.
침대에 누운 뒤에도 게임과 영상이 이어졌고,
"10분만 하고 잘게."라는 말은
거의 매일 1시간, 2시간으로 늘어났다.

부모는 그 장면을 보며
이게 중독이 아닌지 걱정했다.

입시 현장에서 분명하게 확인되는 사실이 있다.

공부를 지속하게 만드는 힘은

의지와 더불어 신체의 컨디션이다.
아무리 계획이 있어도
공부를 할 신체적 컨디션이 부족하면 소용이 없다는 것이다.

그리고 그 컨디션을 결정하는 핵심 요소가
수면의 질과 시간이다.
잠을 조금 덜 자는 문제가 아니라
깊이 잠들지 못하는 문제가 누적될 때,
집중력과 기억력은 빠르게 약해진다.

부모가 느끼는
"요즘 우리 아이가 왜 이렇게 힘들어하지?"라는 불안의 상당 부분은
사실 수면에서 시작된다.

A군의 경우도 마찬가지였다.
상담에서는 게임을 끊게 하자는 이야기를 하지 않았다.
디지털 기기는 피할 수 없고,
강제로 막는 방식은 오래가지 않기 때문이다.

대신 관리의 기준을 단순하게 잡았다.
밤 11시 이후에는
스마트폰을 무조건 거실에서 충전한다.

침실에는 들고 가지 않는다.
이 한 가지 규칙이었다.

게임을 줄이라고 말하지도 않았고,
사용 시간을 세지도 않았다.
몸과 스마트폰을 물리적으로 분리하는 것이다.

이 변화는 빠르게 나타났다.
A군은 자연스럽게 숙면을 취하게 되었고,
아침에 일어나는 반응이 달라졌다.
부모가 가장 먼저 느낀 것은
아이의 컨디션 변화였다.

짜증이 줄었고,
낮 동안의 집중력도 안정됐다.

컨디션이 회복되니
공부를 끌고 가는 힘이 생겼고,
그 힘이 결과로 이어지기 시작했다.

부모에게 가장 중요한 깨달음은 이것이다.
"스마트폰 게임 시간을 줄이는 일은 실질적으로 불가능하다."

“그렇다면 수면 시간을 지켜 공부에너지를 유지하는 일이 중요
하다.”

입시는 결국
얼마나 많은 시간을 관리하느냐의 문제가 아니라
좋은 컨디션을 얼마나 오래 유지하느냐의 싸움이다.
그리고 그 출발점은
수면의 질과 시간이다.

진로는 입시의 관점으로 세우자

B라는 아이는 초등학생 때부터 진로가 매우 분명한 학생이었다.
꿈은 소방관이었다.
위험한 현장에서 사람을 돕는 직업이라는 점에 강한 의미를 느꼈고,
그 생각은 중학교에 올라가서도 바뀌지 않았다.

고등학교 학생부까지도 모두 소방관이라는 진로에 맞춰
설계하려는 계획을 가지고 있었다.

부모 역시 아이의 확고한 꿈을 존중했고,
"요즘은 진로가 분명해야 입시에 유리하다."는 생각도 함께 작용
했다.

상담은 고등학교 배정 후에 이루어졌다.
진로가 분명한 것은 분명 장점이다.
소방관이라는 직업 자체도 매우 훌륭하다.

그러나 대학입시의 관점에서 질문을 던지지 않을 수 없었다.
소방관이라는 진로와 직접적으로 연결되는 대학 학과가 있는가

하는 문제였다.

초등학생이나 중학생 시기에는
내가 좋아하는 것, 되고 싶은 것을 진로로 생각해도 된다.
그 시기의 진로는 방향에 가깝다.

그러나 고등학교 시기의 진로는 성격이 다르다.
고등학교에서는 대학입시가 중심이 되고,
대학입시는 '학과'가 핵심이다.

즉, 고등학교에서 말하는 진로는
직업명이 아니라 대학의 학과와 연결되어야 한다.

이 지점에서 문제가 발견된다.
소방관이라는 직업은 있지만,
소방관과 일대일로 매칭되는 대학 학과는 없다.

학생부를 아무리 소방관 중심으로 채워도
대학은 "그래서 어떤 학과에 지원하는가"를 묻게 된다.

진로는 분명한데,
입시와 연관되지 않는 것이다.

그래서 방향을 바꿨다.
진로에 이르는 경로를 다시 설계한 것이다.

먼저 B군의 성적표를 분석했다.
그 결과 다른 과목보다
수학과 영어에서 상대적으로 강점이 뚜렷했다.

고등학교 시기의 진로는
'내가 좋아하는 것'이 아니라
'내가 잘하는 과목과 연결되는 학과'에서 출발해야 한다.

그 기준에 맞춰 선택한 학과가 산업공학과였다.
수학과 영어를 기반으로 하고,
시스템, 설계, 효율을 공부하는 학과였다.

그다음 단계에서
다시 소방관이라는 꿈을 연결했다.
산업공학과를 졸업한 뒤
소방 현장에 필요한 장비,
소방 기계와 시스템,
현장 효율을 높이는 방법을 설계하는 분야로 진로를 확장하는 방
향이었다.

직업의 형태는 달라질 수 있지만,
소방이라는 영역 안에서 기여하는 방식은 충분히 가능했다.

상담을 통해 부모님께 알려드린 핵심은 다음과 같다.

소방관이라는 진로와 맞는 학과는 없다.
그래서 먼저
아이의 성적과 강점을 분석하고,
그 강점이 가장 잘 발휘될 수 있는 대학 학과를 정한 뒤,
그 학과를 통해
내가 이루고 싶은 것이 진로가 되어야 한다는 점이다.

이 사례는 진로를 포기한 이야기가 아니다.
진로를 입시 안에서 다시 정의한 사례다.

고등학교 시기의 진로란
꿈의 이름이 아니라
대학과 연결되는 현실적인 경로여야 한다는 점을
가장 잘 보여주는 사례다.

명문고 포기하고 서울대 합격

입시 상담을 하다 보면,
중학교 성적은 비슷했지만 고교 선택에 따라
전혀 다른 길을 걷게 된 사례를 종종 만나게 된다.
C군과 D양의 이야기가 그렇다.

C군은 중학교 성적 기준 고교내신 2등급 수준이었다.
일반고에 진학하면 충분히 1~2등급대를 노려볼 수 있는 실력이
었다.
지역에는 내신 경쟁이 매우 치열하기로 유명한 명문 일반고가 있
었다.

중학교 기준으로 그 학교에 진학하면 예상 내신은 4등급 전후였다.
상담에서는
"쉬운 일반고에서 상위권을 유지하고,
높은 내신으로 상위권 대학을 노리는 전략이 유리하다."고 말했다.

그러나 C군과 부모는 고개를 저었다.
"그래도 유명한 학교가 낫지 않겠습니까."

"유명한 데는 뭔가 이유가 있겠지요."
"고등학교 이름도 중요하지 않을까요?"
결국 명문 일반고를 선택했다.

예상은 빗나가지 않았다.
첫 시험에서 4등급. 문제는 그다음이었다.
C군은 성적을 올리기 위해 누구보다 열심히 살았다.
학원도 늘리고, 자습 시간도 늘렸다.
그러나 등급은 크게 달라지지 않았다.
이미 상위권 학생들이 촘촘히 자리 잡고 있는 상황에서,
노력 대비 성과가 보이지 않았다.
"아무리 해도 안 오른다."는 생각이 자리 잡기 시작했다.

내신이 중위권에 머물자
세부능력특기사항을 채우기 위한 탐구나 발표 준비에
에너지가 떨어졌다.
그 이유는, "어차피 인서울도 어려운데…"라는 패배감이 앞섰기
때문이다.

3학년이 되면서 수시를 포기하고
정시에 올인하겠다고 방향을 틀었다.
그러나 수능은 단순히 공부 시간을 늘린다고
결과가 보장되는 시험이 아니다. 생각처럼 모의고사 성적도 나오

지 않았다.
그러다 보니 아이는 스스로 가능성을 발견하지 못했고
피시방이나 농구게임으로 하루를 보내기 시작했다.

이미 내신 경쟁에서 자신감이 흔들린 상태였고,
긴 수험 기간을 버티는 힘도 약해져 있었다.

결국 수시도, 정시도 애매한 결과가 되었고 재수를 선택했다.

반면 D양은 중학교에서 2등급 중반 수준이었다.
실력은 C군과 크게 다르지 않았다.
다만 D양은 입시를 이해하고 있었다.

"인서울 대학이 목표다."
"학교 안에서 상위권을 만들 수 있는 환경이 필요하다."
상대적으로 경쟁이 수월한 낮은 수준의 일반고를 선택했다.

첫 시험에서 2.2등급이 나왔다.
이 등급은 1등급이 눈앞에 보이는 실력임을 상징한다.
"조금만 더 하면 1등급이 된다."는 확실한 동기부여가 생겼다.
학교 내 경쟁이 과도하게 높지 않았기 때문에,
공부한 만큼 성적이 올라갔다.

2학년이 되면서 1등급대에 진입했다.
목표는 자연스럽게 상향됐다. "인서울이 아니라 스카이를 노려보자."

1등급을 받으니 학생부를 채우는 태도도 달라졌다.
세특, 탐구, 발표 활동에 적극적으로 참여했다.
학교 안에서 상위권 학생으로 인식되면서
교사들의 관심도 자연스럽게 집중되었다.
3학년에는 1.5등급까지 끌어올렸고,
3학년 1학기 최종 전교 4등이 되었다.

서울대 지역균형전형 추천은 학교당 2명. 그 안에 들었다.

운도 따랐지만,
그 기회를 잡을 위치까지 올라가 있었기 때문에 가능했다.

결과는 서울대 지역균형전형 식품영양학과와
이화여대 학생부종합전형 약학과 동시 합격이었다.

두 학생의 차이는 지능의 차이가 아니었다.
중학교 성적은 비슷했다.

결정적인 차이는 '동기부여가 스스로 만들어졌는가'였다.
그리고 그 동기부여는 개인의 의지에서만 나오지 않았다.

학교 안에서의 위치가 만들었다.
상위권에서 성취를 반복한 D양은
"나는 할 수 있다."는 감각을 쌓아갔다.
반대로 C군은 노력해도 위치가 바뀌지 않아 점점 에너지를 잃었다.

고교 선택은 단순한 진학 문제가 아니다.
학교 안에서 어떤 위치를 차지할 수 있는가가
3년의 동기, 학생부의 밀도, 그리고 최종 입시 결과까지 좌우한다.

결국 고교 선택은 학교가 가진 명성의 문제가 아니라
우리 아이가 상위권 성취를 반복하며 자신감을 만들 수 있는 환경
을 고르는 문제다.

PART 3
고등학교

대학입시는 학교생활기록부 평가로 수렴하고 있다.
점수는 대학의 수준을 결정할 뿐,
최종 합격은 경쟁자들보다 더 우수한 학생부 내용이 결정한다.

1장

고등 내신의 본질

1

고2, 고3 때 성적을 뒤집는 일은 불가능에 가깝다

"고1은 시작 같지만 남은 시기의 방향을 결정하는 구간이다. 고1에서 밀린 격차는 시간이 지나도 좁히기 힘들다. 그 사이 경쟁자들도 멈추지 않기 때문이다. 고1 시기를 어떻게 보내느냐에 따라 고3 결과가 달라진다."

고1은 단순히 고등학교의 첫해가 아니다.
대입의 방향이 사실상 정해지는 출발선이다.
많은 부모가 이렇게 말한다.
"고3 때 정신 차리면 되지."
그러나 입시 결과는 단기의 집중으로 뒤집히지 않는다.

고3 내신은 고2에서 거의 결정되고,
고2 성적은 고1의 학습 위에서 만들어진다.
고1에서 형성된 과목별 등급과 학교 내 위치는
이후 2년 동안 쉽게 바뀌지 않는다.

수학은 범위가 급격히 넓어지고, 과학은 개념이 심화화되며,
국어는 긴 지문과 복잡한 사고를 요구한다.
중학교에서 90점이던 학생이
고등학교에서 60점, 70점을 받는 경험을 처음 한다.
이때 차이는 단순한 노력 부족이 아니다.
이미 갖춰진 개념을 이해하는 습관, 예습과 복습, 시간 관리,
그리고 개념을 자기 말로 설명할 수 있는 능력이 있는지의 차이다.

고1 1학기 첫 시험에서
상위권으로 들어간 학생은 그 위치를 유지하기 쉽다.
자신감이 생기고, 교사의 기대가 높아지고,
발표와 탐구 기회가 자연스럽게 늘어난다.

반대로 중하위권에서 시작하면
에너지를 '보완'에 써야 한다.
수업을 이해하는 것만으로도 벅차기 때문에
탐구의 깊이를 더하기 어렵다.

학생부의 수준 차이는 이렇게 벌어진다.
그래서 고1은 단지 등급의 문제가 아니다.
학교 안에서의 위치, 자기 효능감,
학생부의 방향성이 동시에 정해지는 시기다.

그리고 더 중요한 사실이 있다.

고1 성적은 고1에서 갑자기 만들어지지 않는다.

초등 시절의 공부 관성,

중학교 때 형성된 개념 이해 방식,

설명을 자기 것으로 만드는 습관,

시간을 관리하는 태도가

고1 첫 시험에서 그대로 드러난다.

입시는 고3의 싸움이 아니다.

고1에서 자리를 잡는 순간,

이미 방향은 상당 부분 정해진다.

그래서 고1은 시작이 아니라

그동안 준비된 실력이 평가받는 첫 시험대다.

 실천 Tip

■ 고1 첫 중간고사를 '진단 시험'으로 본다.

점수 자체보다 학교 평균과의 간격, 반 내 위치를 정확히 확인한다. "잘 봤다"가 아니라 "이 학교에서 어디에 서 있는가"를 계산해야 한다.

- 1학기 안에 과목별 약점을 정리한다.

수학은 계산 실수인지 개념 이해 부족인지, 국어는 시간 부족인지 독해력 문제인지, 원인을 분류한다. 고1 1학기가 지나면 격차는 더 커진다.

- 세특과 수행평가를 '등급 방어 장치'로 활용한다.

시험 점수만으로 상위권을 지키기 어렵다. 발표, 보고서, 탐구 활동에서 완성도를 높여 추가적인 역량을 드러내야 한다.

- 고1 2학기 전에 학습 루틴을 고정한다.

공부 시간, 복습 방식, 과목 배분을 이 시기에 정한다. 고1은 실험하는 시기가 아니라 틀을 만드는 시기다.

2

고교 전체 내신은 탐구과목이 결정한다

"국수영만 붙잡으면 내신이 오른다는 생각은 착각이다. 고2 내신의 실제 승부는 국수영이 아니라 탐구과목의 석차에서 갈린다."

많은 학부모는 여전히 국어, 수학, 영어를 내신의 핵심 과목으로 본다.
"국수영만 잘하면 내신은 따라온다."는 생각도 흔하다.
하지만 고2에 올라가면 내신의 계산 방식과 과목의 무게 중심은 달라진다.

국어, 수학, 영어는 보통 각 1과목씩 편성된다.
반면 탐구 과목은 매 학기 2~3과목, 경우에 따라 그 이상으로 편성된다.
사회탐구든 과학탐구든 여러 과목이 동시에 들어온다.

과거 9등급제 기준으로 이과 계열을 예로 들면,
과학 과목 전체 단위수 합은 9학점단위 이었다.

국어 4학점단위, 영어 4학점단위, 수학 4학점단위와 비교하면,
과학 전체가 차지하는 비중이 결코 작지 않다.

학점이나 단위수는 내신 산출 시 가중치이기 때문에,
탐구 과목이 흔들리면 전체 평균이 즉각 영향을 받는다.
더 중요한 것은 과목 수의 누적 효과다.
국영수에서 각각 1등급을 받아도, 급격하게 낮아진다.

반대로 국수영이 2등급이더라도,
탐구를 1등급으로 관리하면 전체 평균은 올라간다.

특히 이과 학생의 경우 과학 과목의 비중은 절대적이다.
고2 과학은 단순 암기 수준이 아니다.
한 과목만 어려운 것이 아니라
물리, 화학, 생명과학, 지구과학 중 2~3과목을 동시에 관리해야
한다.

이 탐구 과목들은 대학 합격과 직결되는 과목이다.
화학과를 지원하는 학생의 화학 성적,
전자공학이나 기계공학을 지원하는 학생의 물리 성적은
학업 가능성을 판단하는 1차 지표가 된다.

그래서 "국영수만 챙기면 된다."는 판단은 고2에서는 성립하지 않는다.

고2 내신의 본질은 분명하다.

탐구 과목을 동시에, 안정적으로 관리할 수 있는가의 문제다.

국어, 영어, 수학은 기본이다.

하지만 전체 평균을 결정짓는 것은 탐구 과목이다.

고2에서 내신을 지키는 힘은 국영수 집중이 아니라

전 과목 균형 관리에서 나온다.

실천 Tip

- 고1 겨울방학에 고2 때 배울 과학 개념을 예습하고 올라간다.

  고2 과학은 수업을 처음 듣고 이해하기에는 속도가 빠르다. 따라서 사전 예습은 안전장치다.

- 과학은 '문제 풀이'가 아니라 '조건 분석 연습'을 한다.

  고2 과학 시험은 암기 확인이 아니라 조건 변화에 따른 추론이 중심이다. 문제를 풀고 나면 "이 조건이 바뀌면 답이 어떻게 달라질까?"를 반드시 한 번 더 생각하게 한다.

- 학점(단위수)을 확인해서 과목별 공부 시간을 다시 정한다.

  국영수에만 시간을 집중하지 말고, 과학 학점단위수 총합을 기준으로 학습 시간을 배치한다.

- 전공과 관련된 '핵심 과학 과목'은 가장 우수한 수준으로 관리한다.

  전공 관련 교과 성적은 전공 준비의 증거로 평가된다.

3

과학 고난도 문제는 수학적 사고력이 필수다

"과학 성적은 과학 공부만으로 결정되지 않는다. 변별력을 만드는 고난도 문항은 수학적 사고력과 연결되어 있다. 수학이라는 기초 체력이 받쳐줄 때 과학의 고난도 문항에 자신감이 생긴다."

겉으로는 과학 시험처럼 보이지만,
실제로는 수학적 사고를 적용하지 못하면 풀 수 없는 문항들이 있다.
이 문항들이 바로 변별력을 가르는 고난도 문제다.

단위 변환, 비례 관계, 함수 해석, 그래프 기울기, 로그 개념 같은
내용이 과학 문제 속에 자연스럽게 섞여 들어간다.
겉으로는 과학 지식을 묻는 것 같지만,
실제로는 수학적 능력이 필수적이다.

과학을 열심히 외우고 정리한 아이보다,
수학이 안정적인 아이가 과학에서 더 높은 점수를 받는 이유가 여

기에 있다.
과학은 개념 암기의 과목이 아니라
현상을 수식과 관계로 해석하는 과목이기 때문이다.

구체적인 사례를 보자.
물리에서는 속도-시간 그래프에서 이동 거리를 구하는 문제가 자
주 나온다.
이때 필요한 것은 공식을 외운 기억이 아니라
그래프 아래 면적을 해석하는 함수적 사고다.
등가속도 운동에서 가속도가 일정하지 않은 상황을 제시하면
학생은 조건을 식으로 정리하고 관계를 만들어야 한다.
이 단계에서 수학이 흔들리면 물리는 급격히 어려워진다.

화학에서는 평형 이동 문제나 기체 법칙 계산 문제가 대표적이다.
농도 변화표를 해석하고 몰 비를 정리하는 과정은
사실상 비례식과 연립방정식을 푸는 과정과 다르지 않다.
산염기 적정 곡선에서는 로그 개념과 함수 해석이 들어간다.
이 부분은 상위권과 중위권을 가르는 대표적인 고난도 영역이다.

생명과학에서도 수학은 등장한다.
멘델 유전 문제는 확률과 경우의 수 위에 세워져 있다.
자료 해석형 문제에서는 조건을 조합하고 표를 재구성하는 능력

이 필요하다.
단순 암기로는 풀 수 없다.

지구과학에서는 천체 운동, 방사성 붕괴, 대기 변화 그래프가 출제
된다.
방사성 붕괴 문제는 지수적 감소 개념을 이해하지 못하면 접근이
어렵다.
천체의 겉보기 운동 문제는 비례 관계와 각도 해석이 핵심이다.

이러한 문항들은 공통점이 있다.
모두 시험의 후반부, 즉 등급을 가르는 문제에 배치된다는 점이다.
기본 개념 확인 문제는 암기로 해결 가능하지만,
상위권을 가르는 문제는 수학적 구조를 읽어낼 수 있어야 한다.

그래서 고2 내신 관리의 핵심은 단순하다.
과학을 더 많이 외우는 것이 아니라
과학을 감당할 수 있는 수학 기반을 먼저 점검하는 것이다.

수학을 한 과목으로 보지 말아야 한다.
수학은 과학 성적을 떠받치는 언어다.
고2에서 수학을 안정시키는 일은
한 과목 점수를 올리는 일이 아니라

내신 전체의 균형을 지키는 일이다.

그래서 질문은 이렇게 바뀌어야 한다.
"과학을 더 해야 하나요?"가 아니라
"수학이 과학을 감당할 수 있는 상태인가요?"다.

 실천 Tip

- 과학 수업에서 수학 개념이 나오면 그대로 넘기지 않는다.
  비례식, 로그, 그래프 기울기, 확률이 등장하면 수학 교과서로
  개념을 복습한다.
- 수학 교과서의 표와 그래프를 확실하게 이해한다.
  함수 그래프, 변화율, 증가·감소 형태는 과학 시험에서도 반복해
  서 등장한다.
- 그렇다고 수학 공부 시간을 무작정 늘리지 않는다.
  시간을 늘리는 대신, 약한 개념을 정확히 짚고 정리하는 효율
  중심 학습을 한다.

4

유명한 학원보다 아이에게 맞는 학원이 성적을 만든다

"학원 선택의 기준은 학교 내신을 이해하고 아이의 속도에 맞춰줄 수 있는지에 있다. 학원은 유명세로 고르는 것이 아니라 강사와 아이의 맞음을 보고 선택해야 한다."

초등과 중등 시기에는
학원 선택이 비교적 단순하다.
"평판이 좋다", "유명하다"는 기준으로도 결정이 가능하다.

하지만 고등학교에 올라가면 이야기가 달라진다.
학원 선택은 훨씬 복잡해진다.
우리 아이 실력에 맞는 반이 있는지,
아이 학교의 내신을 관리해 줄 수 있는지,
집에서 너무 멀지 않은지,
아이가 그 학원에 흥미를 느끼는지까지
모두 따져야 한다.

무엇보다 가장 중요한 기준은
"우리 아이 학교 내신을 제대로 관리해 줄 수 있는가."다

고등학생은 학교마다 교과서 출판사가 다르고,
문제 출제 성향도 다르다.
학교별 특징을 이해하지 못하면
열심히 공부해도 성적을 내기 힘들다.

거리도 무시할 수 없다.
학원 한 번 다녀오면 앞뒤로 한 시간씩은 금방 지나간다.
멀수록 시간과 에너지가 함께 소모된다.

학부모는 자주 묻는다.
"어디 학원이 제일 좋나요?"
하지만 학원 선택에서 가장 중요한 것은
"선생님과 우리 아이의 합"이다.

아무리 유명하고,
아무리 잘 가르치고,
좋은 대학 출신이라도
아이와 맞지 않으면 바꿔야 한다.

그래서 학원을 다니기 시작하면
한두 달은 눈여겨봐야 한다.
아이가 설명을 이해하는지,
수업이 부담이 아니라 공부의 동기가 되는지 살펴야 한다.

적응이 어렵다면 과감히 방향을 바꿀 필요도 있다.

선생님과의 합이 중요하다는 말은
아이에게도 책임이 있다는 뜻이다.
"선생님이 마음에 안 들어요."라는 말로 끝낼 일이 아니다.

어릴 때부터
소통하고 공감하는 태도를 배우는 이유가 여기에 있다.

마지막으로 기억해야 할 것이 있다.
대부분의 고등 학원은 평가시험을 본다.
수준이 높은 학원일수록 들어가기조차 쉽지 않다.

따라서 실력이 있으면 선택지는 넓어진다.
그 실력은 고등학교에서 갑자기 만들어지지 않는다.
중학교 때 쌓는다.

중학교 시기의 공부는
성적만을 위한 준비가 아니다.
"학원을 선택할 수 있는 힘"을 만드는 과정이기도 하다.

실천 Tip

- 학원 상담 전에 '학교 정보'를 먼저 파악한다.

  "우리 학교 시험에 맞춰 수업이 가능한가요?"라는 질문을 던져야 한다. 유명세보다 우리 학교 적합도가 우선이다.

- 2개월 관찰 기간을 두고 체크리스트를 만든다.

  등록 후 4~8주 동안 "수업 이해도는 어떤지, 숙제를 스스로 해내는지, 시험 점수가 실제로 오르는지"를 점검한다. 맞지 않으면 조정하는 것도 전략이다.

- 이동 시간을 계산해 '에너지 소모'도 따져본다.

  왕복 1시간이면 주 3회만 해도 3시간이 사라진다. 거리와 피로도는 에너지 소모와 직결된다.

- 아이에게도 어느정도는 '선택의 책임'을 지게한다.

  "마음에 안 든다."는 감정만 말하지 말고, 적응에 무엇이 힘든지 구체적으로 설명하게 한다. 스스로 말해보게 하면 학원 선택이 감정이 아닌 학습 전략이 된다.

$$5$$

고2 선택과목은 고1부터 결정된다

"선택과목은 전공 적합성을 판단하는 대학의 평가 기준이다. 고2 선택과목은 고1 1학기부터 수요조사가 시작된다. 이제는 고1부터 진로를 정하는 능력도 '실력'이 되는 시대다."

고2 선택과목은 이제 전략의 문제가 되었다.
고교학점제가 시행되면서
선택과목의 중요성은 훨씬 커졌고,
대학 역시 전공 준비와 관련된 고교 과목 이수 여부를
보다 엄격하게 보고 있다.

많은 학부모는 이렇게 생각한다.
"선택과목은 2학년부터 배우니까
1학년 때 진로를 정하고
2학년에 맞춰 선택하면 되겠지."
맞지만 틀린 생각이다.

선택과목은 2학년부터 듣는다.
하지만 신청은 1학년 때 이루어진다.

보통 1학년 1학기 5~6월에 수요조사를 하고,
최종 결정은 1학년 2학기에 확정된다.
이후에는 바꾸기가 쉽지 않다.

즉, 2학년 선택과목을 1학년 때 결정한다.
이 말은 무엇을 의미할까.

중3 시기와 고1 1학기 안에는
진로 방향이 어느 정도는 잡혀 있어야 한다는 뜻이다.

선택과목은 단순한 시간표 문제가 아니다.
학생부의 흐름을 만들고,
전공 준비의 근거가 된다.

대학은 “관심이 있다.”는 말보다
“관련 과목을 이수했는가”를 본다.

그래서 1학년은
진로를 천천히 고민해도 되는 시기가 아니다.

이미 준비가 시작되는 시기다.

교육과정은
'준비된 선택'을 전제로 설계되어 있다.
미리 생각하고, 미리 경험하고, 미리 공부해 본 학생이
선택과목에서도 유리하다.

공부도 준비가 필요하고, 진로도 준비가 필요하다.

고2 선택과목은 2학년의 문제가 아니다.
중3과 고1 1학기의 준비 수준이
그 결과를 좌우한다.

고교학점제가 시행되면서
선택과목은 곧 학생부의 방향을 결정하는 핵심 요소가 되었다.

예를 들어, 공학 계열을 희망하는 학생이
물리학, 미적분, 기하를 이수했는지와
그렇지 않은 경우는 대학에서 전혀 다르게 보인다.

생명과학 계열을 희망하는 학생이 생명과학과 화학을 이수하지
않았다면

"왜 이 과목을 선택하지 않았는가?"라는 질문을 받게 된다.
단순히 "관심이 있다."는 말로는 부족하다.
대학은 말이 아니라 이수 기록을 본다.

즉, 고2 선택과목은 사실상 고1 1학기 안에
방향이 잡혀 있어야 한다는 뜻이다.
더 정확히 말하면 중3 겨울방학부터 고민이 시작되어야 한다.

선택과목은 세 가지 측면에서 영향을 미친다.
첫째, 학생부의 경쟁력이다.
고1 때 수학과 과학 활동을 강조해 놓고,
고2에서 관련 심화 과목을 선택하지 않으면 흐름이 끊긴다.
대학은 진로의 일관성을 의심한다.

둘째, 전공 적합성 판단의 근거다.
전공과 직접 연결되는 과목을 이수했는지는
"이 학과 공부를 감당할 준비가 되었는가"를 판단하는 가장 기본
적인 지표다.

셋째, 실제 학업 부담이다.
어려운 과목을 무작정 많이 선택하면 내신 관리가 어려워지고,
반대로 너무 쉬운 과목만 선택하면 전공 준비가 약해진다.

전략과 실력의 균형이 필요하다.

따라서 1학년은 진로를 막연히 고민하는 시기가 아니라
과목 선택을 위해 정보를 모으고 실력을 점검하는 시기다.

"아직 1학년이니까 괜찮다."는 생각은 입시를 이해하지 못한 말
이다.
고2 선택은 결과가 아니라 준비의 문제다.
준비된 학생은 선택을 주도하고,
준비되지 않은 학생은 선택에 끌려간다.

실천 Tip

- 중3 겨울방학에 대학 전공별 권장 과목을 확인한다.
  희망 진로가 있다면 대학 홈페이지에서 연관 학과의 '권장 이수
  과목'을 직접 찾아본다. 권장이수과목을 고2 선택과목 선정의
  기준으로 삼는다.
- 선택과목은 '다양성'이 아니라 '일관성'으로 설계한다.
  진로와 연결되는 과목을 중심축으로 정하고, 나머지 과목은 내신
  관리가 가능한 범위 안에서 배치한다.

- 최종 확정 전, 전문가 상담을 받는다.

  학교 설명만 듣고 결정하지 말고 내신 가능성, 정시 가능성, 학생부 방향까지 종합적으로 점검한 뒤 결정한다.

2장

합격하는 학교생활기록부

1

입시정보, 아는 만큼 보인다

"아이의 입시 전략은 남이 정해주지 않는다. 입시제도를 공부해서 아이에게 유리한 전형을 찾아주어야 한다. 이는 학원도 학교도 해주기 힘들다. 가정에서 해야 할 일이다."

고등학교 1학년이 되면 부모와 아이는 갑자기 수많은 조언 속에 놓인다.
학원에서는 "이 과목이 핵심이다."라고 말하고,
어떤 교사는 "논술이 유리하다."고 말하며,
또 다른 곳에서는 "결국 정시가 답이다."라고 한다.
정보는 넘치지만, 아이들은 흔들린다.

"그래서 저는 뭘 준비해야 하나요?"라는 질문이 반복된다.
1학년 때 한 번 방향을 바꾸고,
2학년 때 또 바꾸고,
3학년이 되어서도 다시 흔들리면

경쟁력은 깊어지지 못하고 분산된다.

입시는 정보의 양으로 결정되지 않는다.
아이에게 맞는 기준을 세웠는지가 핵심이다.
그래서 필요한 것은 '입시 주관'이다.
자신의 위치를 수치로 확인하고,
내신·학생부·정시 가능성을 객관적으로 점검한 뒤,
하나의 전략을 정하고 일관되게 밀고 가는 태도다.

여기서 반드시 짚어야 할 부분이 있다.
"학원이 해결해 주겠지.",
"담임선생님이 알아서 방향을 잡아주겠지."라는 생각은 위험하다.

학원은 수업을 제공하는 곳이고,
학교는 고등 교과를 이어가는 곳이다.

대입을 위해서, 우리 아이에게 가장 유리한 조합을 설계하는 일은
가정의 몫이다.
입시는 대신 결정해 주는 시스템이 아니다.
자료를 읽고, 모집요강을 해석하고,
등급 분포와 합격 사례를 비교해 보는 과정이 필요하다.

정말 중요한 건 부모가 아는 만큼 들린다는 것이다.
같은 설명회를 들어도
기본 내용을 이해한 부모는 핵심을 듣고,
그렇지 않으면 분위기만 듣는다.

그래서 고1 때 전문가 상담을 권한다.
한 전형만을 권하는 상담이 아니라
교과 성취, 학교 평균, 수능 가능성, 학생부 방향까지
종합적으로 점검해 주는 상담이어야 한다.

입시도 공부다.
제도는 매년 조금씩 바뀌고,
대학은 숫자로 판단한다.
아이에게도, 부모에게도 필요한 것은
막연한 기대가 아니라 이해다.

입시는 누가 대신 해결해 주는 문제가 아니다.
우리 아이에게 가장 유리한 방법을 찾아
끝까지 밀어붙이는 과정이다.

- 1학년 1학기 종료 후 '객관적 진단'을 먼저 한다.

  내신 평균, 과목별 등급, 모의고사 등급, 강점 과목을 정리해 본다. 감이 아니라 숫자로 현재 위치를 확인한다.

- 전형을 1~2개로 압축한다.

  교과 중심인지, 학생부종합 중심인지, 정시 병행인지 전략을 정한다. 모든 길을 동시에 잘 가겠다는 생각은 버린다.

- 전략 변경은 '조건부'로만 한다.

  "내신이 2.0 이하로 유지되면 교과 유지", "모의고사 2등급 이하로 안정되면 정시 확대"처럼 기준을 먼저 정해둔다. 대학입시 방법은 이 기준으로 정한다.

- 아는 만큼 입시전문가와의 상담이 도움된다.

  학원이나 학교의 설명회는 참고하되, 직접 대학 모집요강을 직접 확인하고 가장 유리한 입시방법을 찾자. 그런 다음 입시전문가와 상담을 하면 효과가 크다.

2

출결이 만드는 학생부 첫인상

"학생부 순서상 성적보다 먼저 보여지는 것은 출결이고, 출결은 성실성과 책임감을 보여주는 가장 기초적인 지표다. 반복되는 지각과 결석은 학업역량 이전에 학생에 대한 신뢰를 낮춘다."

고교 블라인드 정책으로 대학은 학생의 이름이나 배경을 알 수 없다.
평가는 오직 학교생활기록부 기록으로 이루어진다.
학생부를 펼쳤을 때,
가장 먼저 확인되는 항목이 출결이다.

출결은 단순한 출석 일수가 아니다.
그 안에는 성실성, 시간 관리 능력, 학교생활 태도가 담겨 있다.
지각이나 결석은 누구에게나 생길 수 있다.
중요한 것은 그다음이다.

출결은 담임교사가 관리한다.

사유를 듣고, 상황을 확인하고, 평소 태도를 함께 본다.
미리 설명하고, 이해를 구하고, 책임 있게 소통하는 학생은
일시적인 사정이 있어도 "이 학생은 지켜주고 싶다."는 생각이 든다.
자연스럽게 정상참작의 마음이 생기고, 출결 숫자에 영향을 준다.

반대로 아무 말 없이 반복되는 행동은
원칙대로 처리될 수밖에 없다.
이것은 불공정이 아니다.
특별히 봐주는 것이 아니라
"평소 태도를 함께 고려하는 것"에 가깝다.

출결이 안정적이면
"기본이 갖춰진 학생이구나"라는 신뢰가 먼저 형성된다.
반대로 출결이 불안하면
다른 기록도 더 엄격하게 보이기 쉽다.

출결 관리는 단순한 생활 습관이 아니라
대학에 보내는 "성실성에 대한 메시지"다.

이 기본은 고등학교에서 갑자기 만들어지지 않는다.
초등, 중등 시기부터 시간을 지키고, 어른과 소통하는 태도를 길
러야 한다.

학생부는 숫자의 기록이지만,
그 숫자 뒤에는 태도가 남는다.
그 태도를 가장 먼저 보여주는 항목이 출결이다.

 **실천 Tip**

- 아침 등교 시간을 여유있게 계산한다.

  집에서 나오는 시간이 아니라 교문 통과 시간을 기준으로 역산해 본다. 버스 지연, 엘리베이터 대기 시간까지 포함해 최소 10분 여유를 둔다. 지각은 대부분 5분의 오차에서 발생한다.

- 전날 밤 준비를 끝내고 잠자리에 든다.

  교복, 체육복, 준비물, 수행평가 자료를 미리 가방에 넣어 둔다. 아침에 찾는 시간이 늘어날수록 지각 확률이 높아진다.

- 불가피한 사정은 '사전 소통'을 원칙으로 한다.

  병원 예약, 가족 일정 등으로 지각 가능성이 있다면 미리 담임교사에게 말씀드린다. 책임 있는 태도를 보이면 기록은 달라질 수 방법은 이 기준으로 정한다.

- 취침 시간을 정한다.

  수면 리듬이 불안해지면 아침 등교가 불안정해진다. 출결의 성실성은 시간 관리에서 시작된다.

3

교사가 품고 싶은 아이가 대학이 찾는 아이

"질문, 반응, 반복, 소통이 쌓일 때 교사의 기억에 남는다. 교사의
기억에 남으면 학생부 기록은 더 따뜻하고 충실해진다."

많은 부모가 아이와 선생님과의 관계를
"예의의 문제" 혹은 "성적 관리의 문제"로 생각한다.
그러나 학교생활기록부는 시험 점수표가 아니다.
아이의 학교생활을 가장 가까이에서 지켜본 교사의 관찰 기록이다.

그래서 기록에는 말이 많은 아이보다,
"잘 듣는 아이"가 남는다.
소통을 잘한다는 것은
앞에 나가 발표를 많이 한다는 뜻이 아니다.
수업 시간에 설명을 경청하고,
지시를 정확히 이해하고,
필요할 때 "이 부분을 다시 설명해 주실 수 있을까요?"라고 묻는
태도다.

이런 아이는 선생님 입장에서
"수업이 되는 학생"으로 인식된다.
수업이 흐르지 않게 하고,
피드백을 흡수하고,
다음 시간에 개선된 모습을 보여주는 학생이다.

예를 들어, 과제를 제출한 뒤
"제가 이런 방향으로 써봤는데, 부족한 점이 있을까요?"라고 묻는
학생과
아무 말 없이 제출하고 끝내는 학생은 다르다.

전자는 피드백을 받아 성장하려는 태도를 보이고,
후자는 기록으로 남을 장면이 적다.

선생님은 모든 학생을 똑같은 분량으로 기록할 수 없다.
기록은 결국 기억에 남는 학생 중심으로 구체화된다.
"항상 수업에 집중하며 질문을 통해 이해를 확장함."
"피드백을 적극 반영해 탐구의 깊이를 더함."
이런 문장은 우연히 만들어지지 않는다.

관계 속에서 축적된 장면이 있어야 가능하다.
이것은 특혜가 아니다.

관계의 결과다.
노력하는 모습이 보이고,
지적을 받아들이고,
스스로 개선하는 아이에게
선생님은 자연스럽게 더 관심을 갖는다.

"이 학생은 성장 가능성이 있다."는 판단이 서기 때문이다.
입시는 점수만 보는 과정이 아니다.
점수를 포함해 태도, 관계, 지속성을 함께 본다.

그래서 소통은 이미지 관리가 아니라
학습 태도의 일부다.
성적을 올리고 싶다면
먼저 "수업이 가능한 학생"이 되어야 한다.

그리고 그 모습은 결국 학교생활기록부라는 기록으로 남는다.

실천 Tip

- 수업 시간에 '한 줄 질문'을 준비한다.

  매 시간 최소 한 번은 교과 내용과 연결된 질문을 정리해 본다. 질문은 그만큼 선생님의 말씀에 귀 기울였음을 보여주는 절차다.

- 수업 중 지적을 받으면 즉시 반응한다.

  변명보다 "네, 수정하겠습니다."라는 짧은 답과 이후의 행동이 중요하다. 다음 시간에 실제로 개선된 모습을 보여주는 것이 핵심이다.

- 교사와의 소통은 '빈도'보다 '일관성'으로 유지한다.

  한 번의 인상적인 행동보다 매 시간 안정적으로 집중하는 태도가 더 중요하다. 수업 흐름을 방해하지 않고, 과제를 기한 내 제출하며, 피드백을 반영하는 모습이 반복되어야 한다.

- 교무실 방문을 두려워하지 않는다.

  교무실 문을 자주 여는 학생은 자연스럽게 눈에 익는데, 관찰 기회가 늘어나기 때문이다.

4

학교생활기록부의 경쟁력은 성장과정이다

"다양한 활동보다 성장의 역사를 보여주는 스토리가 중요하다.
과거의 활동에서 깊이를 더하는 탐구주제가 학생부의 경쟁력을
만든다."

학생부종합전형을 준비하면서 가장 흔한 오해는
"활동을 많이 하면 유리하다."는 생각이다.
그래서 1학년부터 최대한 많이 채워 넣으려 한다.
기록이 빽빽하면 경쟁력이 생길 것이라 기대한다.
물론 '읽을거리'가 부족한 것보다는 낫다.

그러나 대학 평가 과정에서 학생부는 "활동 수"로 읽히지 않는다.
평가자는 학생부 한 장 한 장을 넘기며 묻는다.
"이 학생은 무엇에 관심을 가졌는가?"
"그 관심이 단발성으로 끝났는가, 아니면 축적되었는가?"
"시간이 흐르면서 사고의 깊이가 달라졌는가?"

대학은 학생부를 '목록'이 아니라 '과정'으로 본다.
무엇을 했는지보다 왜 시작했고,
그 경험이 다음 선택에 어떤 영향을 주었는지가 중요하다.

예를 들어, 1학년 때 환경 동아리에서 미세플라스틱 문제를 다루었다면,
단순 활동 소개로 끝나는 기록은 약하다.
그 활동이 계기가 되어 화학 수업에서 고분자 구조를 더 깊이 질문했고,
2학년 탐구 보고서에서 실제 분해 실험을 설계했으며,
실험의 한계를 분석해 대안을 고민했다면
이야기가 달라진다.

대학은 이 흐름을 읽으며 생각한다.
"이 학생은 관심을 지식으로 바꾸었고, 지식을 문제 제기로 확장했구나."

같은 분량의 기록이라도 읽히는 학생부와
읽히지 않는 학생부의 차이는 여기서 발생한다.
연결 고리가 보이면 그다음이 궁금하다. 그래서 읽고 싶다.

잘 관리된 학생부는 학년별 발전내용이 보인다.

1학년은 "관심의 발견과 기초 이해", 2학년은 "적용과 확장",
3학년은 "비판과 재설계"라는 흐름이 나타난다.

관심이 깊어질수록 질문이 구체화되고,
실험이나 자료 분석의 수준이 올라가며,
마지막에는 한계 인식과 대안 제시까지 나아간다.

이 과정을 통해 대학은 판단한다.
"이 학생은 대학에 와서도 스스로 질문을 확장할 수 있겠다."

강한 학생부는 화려하지 않아도 된다.
활동 수가 적어도 연결과 축적이 보이면 충분하다.
오히려 불필요한 나열은 핵심 서사를 흐리게 만든다.
대학이 궁금해하는 것은 스펙이 아니라 성장 곡선이다.

 실천 Tip

- 학기 시작 전에 "올해 나는 무엇을 파고들 것인가?"를 먼저 정한다.
  관심 분야를 한 문장으로 정리하고, 가능한 활동들을 그 문장에
  맞춰 선별한다.

- 활동을 추가하기 전에 "이 경험은 기존 흐름에 어떻게 연결되는가?"
를 점검한다.

  새로운 활동보다 기존 주제를 한 단계 더 확장하는 선택이 수준을 높인다.

- 보고서나 탐구에는 반드시 "한계"를 적는다.

  결과만 정리하지 말고, 무엇이 부족했고 무엇을 더 보완해야 하는지 분석한다. 대학은 완성보다 생각의 깊이를 본다.

- 학생부의 흐름을 정리한다.

  1학년부터 3학년까지의 학생부에, "관심의 시작 → 확장 → 생각의 변화와 새로운 발견" 부분을 찾아 표기한다. 연결성이 보이면 성장과 발전이 이루어지고 있는 것이다.

5

융합적 지식보다 중요한건 한 가지를 제대로 아는 것

"전공의 지식이 단단해야 중심이 생긴다. 융합은 흩어지는 것이 아니라 깊이 있는 중심에서 바깥으로 확장되는 것이다. 따라서 융합을 위해서는 전공지식의 깊이가 우선이다."

언제부터인가 "융합적 인재"라는 표현이
교육의 핵심 키워드처럼 사용되고 있다.
그래서 많은 학생이 여러 분야에 동시에 관심을 보이는 것이
곧 경쟁력이라고 생각한다.

그러나 입시의 관점에서 융합은 '넓음'이 아니라 '연결'의 문제다.

융합적 사고란 여러 과목을 조금씩 아는 상태가 아니다.
자신의 진로를 중심축에 두고, 그 중심을 다른 학문과
어떻게 연결하는지 설명할 수 있는 능력이다.

예를 들어, 의학에 관심이 있다면 생명과학이 중심지식이 되고,
그 위에 화학, 물리, 통계가 연결된다.
공학을 지향한다면 물리와 수학이 중심이 되고,
그 위에 코딩이나 경제 개념이 확장된다.

반대로 여러 분야에 흩어져 관심을 보이는 것은 융합이 아니라 분산이다.
중심이 없는 상태에서 이것저것 연결하면 깊이가 생기지 않는다.
수박 겉핥기식 지식을 모아 놓는다고 새로운 통찰이 만들어지지는 않는다.

대학이 전공별로 선발하는 이유도 여기에 있다.
결국 학문은 전공 단위로 훈련되기 때문이다.
중심지식이 단단해야 다른 영역과의 연결도 의미를 가진다.

대학이 말하는 "전공 적합성"은
바로 이 중심지식에 대한 열정과 행동의 축적이다.
융합지식은 전공지식 위에 세워진다.

이 관점에서 자유전공에 대한 오해도 위험하다.
자유전공은 진로가 없는 학생을 위한 안전지대가 아니다.
오히려 진로 방향이 분명하지만 기존의 학과들에 부합되지 않는

학생에게 적합하다.

"무엇을 하고 싶은지는 분명한데,
어느 학과로 진입하는 것이 최적인지 고민한 흔적"이 전제되어야
한다.

그럼에도 "아직 진로가 없으니 자유전공이 유리하지 않을까요?"
라는 질문이 반복된다.
이는 입시를 거꾸로 이해한 결과다.
진로가 불분명하다는 사실은 자유전공에서 오히려 약점이 된다.
방향 없이 넓게 흩어진 기록은 설득력이 떨어진다.

결국 과목 선택에서 가장 경계해야 할 것은
'융합을 핑계로 한 무질서'다.
중심을 먼저 세우고, 그 위에 연결을 설계해야 한다.
중심 없는 확장은 성장으로 읽히지 않는다.

 실천 Tip

- 먼저 "내가 깊게 파고들 한 분야는 무엇인가?"를 정한다.
  학년 초에 중심 전공을 결정한다. 이 문장이 과목 선택과 활동

의 기준이 된다.

- 과목 선택은 진로핵심교과에 우선순위를 둔다.

  융합을 위해 다른 과목을 추가하기 전에, 해당 전공의 핵심 과목을 충분히 이수하고 성취도를 확보한다. 기반이 약하면 확장은 설득력이 없다.

- 과목 선택은 과목 간 연계를 중심으로 결정한다

  중심 분야에서 생긴 질문을 해결하기 위해 다른 과목을 선택한다. 예를 들어, 생명과학 실험의 통계 분석이 부족하다면 통계 과목을 연결한다. 연결의 이유가 명확해야 한다.

- 자유전공학과를 고민한다면 "왜 기존 학과로는 설명이 부족한가?"를 스스로 답해본다.

  구체적 설명이 가능할 때만 전략이 된다. 막연한 불확실성은 전략이 아니다.

6

탐구의 성패를 결정하는 '주제 선정' 방법

"탐구는 주제가 반이다. 잘 정한 주제 하나는 여러 활동을 창조하는 중심이 된다. 성장, 교과, 진로 그리고 시기성이 느껴지는 주제를 만들자."

고등학교에 올라오면 보고서, 발표, 수행평가, 동아리 활동 등
탐구의 기회가 급증한다.
이는 학교가 학생부를 보다 자기주도적으로 채울 수 있는
무대를 마련해 주는 일이기에 환영받아 마땅하다.

그러나 정작 학생들이 가장 힘들어하는 부분은
"무엇을 주제로 할 것인가"다.
예전처럼 교사가 일괄적으로 주제를 정해주지 않기 때문이다.
선택의 자유가 곧 학생부에 대한 책임으로 바뀌는 순간이다.

탐구의 절반은 주제를 정하는 일이라고 해도 과장이 아니다.

주제를 정할 때는 네 가지 기준이 동시에 충족되어야 한다.

첫째, 성장이다. 과거의 탐구 경험이 씨앗이 되어야 한다.
이전 활동과 단절된 주제는 설득력이 약하다.
대학은 "이 학생은 왜 갑자기 이 주제를 택했는가"를 묻는다.
관심이 축적된 흔적이 보일 때 성장으로 읽힌다.

둘째, 교과 심화다. 교과에서 배운 개념을 확장해야 한다.
수업 시간에 다룬 이론을 실제 사례에 적용하거나,
개념의 한계를 분석하는 과정이 포함되어야 한다.
교과와 분리된 탐구는 학생부 안에서 힘을 얻기 어렵다.

셋째, 전공 적합성이다. 목표 학과와 연결되어야 한다.
단순히 "흥미롭다"는 이유가 아니라, 자신의 진로 방향과 이어져
야 한다.
그래야 활동이 모이고 흐름이 만들어진다.

넷째, 진로에 대한 현재성이다.
지나치게 오래된 논쟁이나 추상적 주제보다
최근의 이슈, 사회적 변화, 기술 발전과 연결된 문제를 다루는 것
이 좋다.
현재성과 전공 연결성이 만날 때 설득력이 높아진다.

위에서 설명한 네 가지 기준을 고려해
"전력 손실의 물리적 원인 분석과 효율 개선 방안"이라는
주제를 분석해보자.

"전력 손실의 물리적 원인 분석과 효율 개선 방안"을 주제로 설정
할 수 있다.

(성장) 1학기 태양광 발전 실험에서 예상한 출력과 실제 측정된
출력 사이에 차이가 발생했는데, 그 원인을 명확히 설명하지 못함.
이를 해결하고자 함.

(교과 심화) 과학 시간에 배운 옴의 법칙, 전력의 개념, 에너지 보
존 개념을 적용해
태양전지 내부 저항, 배선의 접촉 저항, 전류 흐름에 따른 열 발생,
온도 상승에 따른 반도체 특성 변화 등을 이해함.

(전공 적합성) 전기전자공학의 관점에서 태양전지의 효율 저하
원인을 회로와 전력 시스템 관점에서 바라보고,

(시기성) 시기적으로 현재 문제가 되고 있는 송전 과정에서의 전
력 손실과 고전압 송전의 필요성까지 확장함으로써 전력 효율 최
적화에 대한 의견을 개진함.

그렇지 않으면
탐구는 많지만 깊이가 없고, 활동은 다양하지만 축적이 없으며,
보고서는 있지만 전문성이 보이지 않는다.
주제는 인터넷 검색으로 쉽게 찾을 수 있는 수준에 머물고,
고민의 흔적은 드러나지 않는다.

대학이 확인하고 싶은 것은 "관심이 있었는가"가 아니라
"그 관심을 얼마나 밀고 나갔는가"다.
한 번 해보고 끝난 탐구는 경험일 수는 있어도 성장 과정으로 읽히
지 않는다.

예를 들어 환경, 생명, 인공지능, 경제, 의학을 모두 다룬 학생부가
있다고 하자. 언뜻 보면 폭넓은 관심처럼 보인다. 그러나 각 주제
가 한두 번의 체험, 짧은 보고서, 단발성 활동으로 끝났다면 대학
은 이렇게 판단할 가능성이 크다.
"이 학생은 무엇도 끝까지 해보지 않았다."

이 유형의 가장 큰 문제는 면접에서 즉시 드러난다는 점이다.
"왜 이 주제를 선택했나요?"
"그 탐구에서 가장 어려웠던 점은 무엇이었나요?"
"자료의 한계는 무엇이었고, 어떻게 보완했나요?"
"다시 한다면 무엇을 바꾸겠습니까?"

이 질문에 구체적으로 답하지 못하면 학생부 전체의 신뢰도가 급격히 약화된다. 또한 이런 학생부는 내신 보완 효과도 거의 없다.

결국 학생부에서 중요한 것은 '많이'가 아니라 '이어짐'이다. 주제가 흩어지면 기록도 흩어진다. 방향이 모이면 분량이 적어도 강해진다.

실천 Tip

- 주제를 정하기 전 네 가지를 동시에 점검한다.
  "이 주제는 이전 활동과 연결되는가?", "교과 개념을 확장할 수 있는가?", "내 목표 학과와 이어지는가?", "최근 이슈와 접점이 있는가?" 네 질문 중 최소 세 가지 충족을 목표로 한다.
- 같은 주제를 최소 두 번 이상 심화한다.
  한번의 탐구 후 보완 탐구를 기획한다. 반복과 수정이 축적을 만든다.
- 면접 질문을 미리 대비한다.
  "왜 시작했는가?"
  "어떤 부분에서 생각이 바뀌었는가?"
  "다시 한다면 무엇을 바꿀 것인가?"
  이 질문에 구체적으로 답할 수 있어야 탐구가 완성된 것이다.

7

내 학생부 평가기준은 같은 대학 경쟁자들의 학생부

"입시는 '나는 열심히 했다.'로 평가받는 과정이 아니다.

경쟁자와 같은 줄에 섰을 때, 숫자와 기록으로 앞설 수 있는지를 가늠하는 과정이다.

입시는 비교에서 이기는 게임이기 때문이다."

학생부종합전형은 기준 점수를 넘으면 합격하는 전형이 아니다.
같은 학과에 지원한 학생들 중에서
더 준비된 학생을 뽑는 방식이다.

다시 말하면, 내 학생부는 독립적으로 평가되지 않는다.
같은 내신 구간, 같은 학과를 목표로 하는 지원자 집단 안에서 상대적으로 읽힌다.

예를 들어, 1.3~1.5 내신을 가진 학생이
학생부종합전형으로 서울대 공대를 지원한다고 가정해 보자.

평가자는 전국에서 1등급 초반을 유지하며
물리·수학 심화 탐구를 반복해 온 학생들의 학생부와 비교한다.
이 집단 안에서는 기본적인 성실성은 전제가 된다.
차이를 만드는 것은 전공 탐구의 흔적, 사고의 깊이, 활동의 축적
이다.

만약 이 학생의 학생부가 단발성으로만 채워져 있다면,
그리고 같은 내신을 가진 경쟁자들이 2~3년 동안
하나의 전공 주제를 단계적으로 확장해 왔다면,
이 학생의 학생부는 바로 밀린다. 활동 수가 적어서가 아니라 깊
이가 부족해서다.

많은 학생과 학부모가 이 지점을 놓친다.
"우리 아이는 열심히 했으니 충분하지 않을까요?"라는 질문은 절
반만 맞다.
중요한 것은 "경쟁자 대비 충분한가?"다.

또 하나의 오해는 "너무 많이 하면 오히려 불리하지 않을까"라는
생각이다.
그러나 방향이 분명하다면 활동이 많아서 탈락하는 경우는 거의
없다.

넘쳐서 불리해지지 않는다. 오히려 부족해서 밀린다.
특히 상위권 대학으로 갈수록 이 차이는 더 분명해진다.
서울대급 학생부는 전공 준비의 정도가 선명하다.
단순한 관심이 아니라 개념 이해, 심화 탐구, 한계 분석,
재설계까지 이어지는 흐름이 보인다.

연고대급 학생부는 전공 적합성과 탐구 축적이 안정적으로 쌓여
있다.
서성한급 학생부도 교과와 연결된 탐구의 완성도가 분명하다.

이처럼 대학의 종류가 아니라 대학의 수준마다 요구하는 학생부의
체급은 다르다.
그래서 학생부에도 내신이 있다고 생각해야 한다.

교과 내신이 1등급이면 학생부도 1등급 수준이어야 균형이 맞는다.
교과는 최상위인데 학생부는 중상위 체급에 머무르면
경쟁 집단 안에서 약해진다.
반대로 내신이 약간 아쉬워도 학생부가 상위 체급이면 보완 효과
가 생긴다.

결국 핵심 질문은 이것이다.
"같은 내신 구간의 경쟁자들과 나란히 놓였을 때, 내 학생부는 앞

에 설 수 있는가?"

입시는 혼자 달리는 경기가 아니다.
경쟁자와의 상대적 위치를 기준으로 학생부의 체급을 끌어올려야
한다.

실천 Tip

- 목표 대학·학과를 먼저 확정하고 경쟁 집단을 구체화한다
  서울대, 연고대, 서성한 등 지원 라인을 명확히 정한 뒤, 막연한
  "상위권"이 아니라 실제 경쟁 집단을 설정해야 기준이 생긴다.
- 내 학생부를 냉정하게 점검한다.
  활동의 수나 "열심히 했다"가 아니라 "경쟁자 대비 우위에 있는가"
  로 판단한다.
- 전공 관련 주제는 연도를 관통하는 심화활동으로 스토리를 만든다.
  기초 이해에서 출발해 적용, 분석, 한계, 해결방안까지 이어지
  는 스토리를 만든다.
- 내신과 학생부의 균형을 맞춘다
  교과가 1등급이라면 학생부도 그에 걸맞은 1등급 수준을 갖추
  었는지 확인한다.

■ 입시전문가에게 중복 평가를 받는다.

한 사람의 의견에 의존하지 말고, 최소 두 차례 이상 다른 관점에서 점검받는다. 실제 합격 사례를 다뤄본 전문가의 시각으로 "예상 경쟁 집단에서 내 학생부가 통하는가"를 확인해야 한다.

8

거점학교는 학생부의 수준을 한 단계 높인다

"거점학교는 2학년 학생부의 수준을 높이고 진로 적합성을 구체화 할 수 있는 기회다. 1학년 때 진로를 설정하고 관련 탐구 경험을 쌓아 둔 학생이 거점학교 합격에 유리하다."

고교학점제 시대에 반드시 알아두어야 할 제도가 있다.
바로 거점학교, 즉 "학교 간 공동 교육과정"이다.

거점학교는 한 학교에서 개설하기 어려운 과목을 인근 학교와 공유해 운영하는 제도다.
소수 학생이 선택한 과목, 전공 교사가 없어 열지 못하는 과목을 별도로 개설해
학생이 자신의 진로에 맞춰 교육과정을 설계할 수 있도록 돕는다.

고교학점제는 단순히 과목을 많이 듣는 제도가 아니다.
"어떤 방향으로 준비해 왔는가"를 드러내는 제도다.

그래서 특히 이과 학생에게 거점학교는 큰 기회다.

고급수학, 물리학실험, 생명과학실험과 같은 과목은
일반 학교에서 개설하기 쉽지 않다.

그러나 이런 과목은 대학 전공과 직접적으로 연결된다.
대학의 관점에서 보면 이는 분명한 신호다.
"나는 이 분야를 깊이 있게 준비해 왔다."는 메시지다.

학생부종합전형에서 중요한 평가 요소는 학업역량과 전공 적합성
이다.
거점학교 수업은 이 두 가지를 동시에 보여줄 수 있는 방법이다.
진로와 연결된 과목을 선택하고,
그 과정을 추가적으로 세특에 남기는 것만으로도
학생부의 경쟁력이 높아진다.

입시는 상대평가다.
내신이 비슷한 학생들 사이에서 무엇이 차이를 만드는가를 본다.
그 차이를 만들어내는 장치 중 하나가 바로 이런 선택이다.

지원 절차는 어렵지 않다.
대부분 2학년부터 수강하지만

실제 신청은 1학년 말에 이루어진다.
그리고 학업계획서를 제출해 선발을 거쳐야 한다.
최근에는 경쟁률도 점점 높아지고 있다.

학업계획서에
"왜 이 과목을 듣고 싶은가?"
이 질문에 답하려면

1학년 동안의 탐구 경험이 필요하다.
진로에 대한 고민과 활동이 쌓여 있어야
학업계획서에 설득력이 생긴다.
아무 준비 없이 쓰는 계획서는 형식에 그친다.
반면 꾸준히 탐구해 온 학생은
자연스럽게 자신의 방향을 설명할 수 있다.

그래서 1학년이라고 해서 탐구를 미루면 안 된다.
거점학교는 갑자기 준비하는 제도가 아니다.
1학년의 태도가 2학년의 기회를 만든다.

거점학교는 단순한 추가 수업이 아니다.
경쟁자보다 한 발 앞선 선택이며,
학생부의 깊이를 바꾸는 전략이다.

실천 Tip

- 1학년 1학기 안에 진로를 한 문장으로 정리한다.

  "이과계열", "공학"처럼 넓은 표현이 아니라 "폭발가능성이 없는 배터리 개발"처럼 구체적으로 적어본다. 방향이 분명해야 거점학교 과목 선택에 기준이 생긴다.

- 1학년 2학기가 끝나기 전에 거점학교 개설 과목을 직접 확인한다.

  교육청 공동 교육과정 홈페이지나 학교 진로부를 통해 실제 개설 과목과 경쟁률을 조사한다. 막상 신청 시기가 되면 준비 시간이 부족하다.

- 학업계획서는 '관심'이 아니라 '과정' 중심으로 작성한다.

  "흥미가 있다."는 표현보다 "1학년 때 ○○ 탐구를 하며 △△의 한계를 느꼈고, 이를 확장하기 위해 해당 과목을 듣고자 한다." 처럼 신청의 당위성을 준비한다.

3장

선생님도 사람이다

1

대학의 평가기준은 선생님의 칭찬이 아니다

"학생부는 칭찬 모음집이 아니다. 대학 수업을 감당할 수 있는가를 보여주는 검증 자료다. 미사어구에 안심하지 말고, 내용의 깊이를 점검해야 한다."

학생부를 준비하는 과정에서
학부모와 학생이 안심하는 순간이 있다.
학생부 곳곳에 선생님의 긍정적인 평가와 칭찬 문구가 보일 때다.

"성실하게 참여함"
"수업 태도가 우수함"
"책임감 있게 활동함"

이런 문장이 보이면 학생부가 잘 만들어졌다고 느끼기 쉽다.
그러나 여기서 반드시 구분해야 할 것이 있다.
칭찬은 선생님이 하지만, 평가는 대학이 한다는 점이다.

칭찬과 평가는 전혀 다른 차원의 문제다.

선생님의 긍정적인 칭찬은 교실 안에서의
태도에 대한 평가일 가능성이 크다.
그러나 대학이 확인하는 것은 전공 적합성, 학업 역량, 사고의 깊
이, 탐구의 축적이다.
"성실하고 우수하며 책임감을 보유함"은 기본일 뿐,
합격을 결정하는 요소가 아니다.

반대로 정말 드문 표현은 따로 있다.
"이 학생을 만난 것은 올해의 행운이었다."처럼
교사가 특별한 인상을 받았음을 드러내는 문장이다.
이런 표현은 흔하지 않기 때문에 우수한 평가를 받을 수 있다.

또 하나 주의할 점은 겉으로는 중립적이거나 개성처럼 보이는 표
현이 실제로는 약점으로 읽힐 수 있다는 사실이다.
"주관이 강함", "내성적이지만 깊이 생각함", "혼자 탐구하는 것을
선호함" 같은 문장은 "고집이 세다.", "소통이 수동적이다.", "팀
활동에서 어려움이 있다."로 해석될 수 있다.
대학은 협업과 토론이 중요한 공간이기 때문에
이런 표현은 조심스럽게 읽힌다.

좋은 학생부는 칭찬이 많은 학생부가 아니다.
깊이 있는 탐구가 있었고, 그 과정이 구체적으로 기록되었으며,
그 결과가 자연스럽게 문장으로 남은 학생부다.

그래서 기억해야 할 한 문장은 이것이다.
"칭찬은 덤이고, 내용이 본질이다."

대학이 보는 것은 형용사가 아니라 근거다.
활동의 구체성, 사고의 확장, 문제 해결의 과정이 선명할 때 비로소 기록은 힘을 가진다.
그것이 아이를 향한 선생님의 진짜 애정이 문장으로 표현된 상태다.

대학은 말한다.
그 내용이 칭찬을 받을만한 일인지 '근거'를 토대로 우리가 판단한다고.

실천 Tip

- 형용사보다 '구체적 행동'이 있는지 점검한다.
  대학은 "우수함"이라는 표현 뒤에 어떤 활동과 과정이 있었는지

확인한다. 구체적 사례가 없다면 보완이 필요하다.

- 공통 미사어구에 안심하지 않는다.

  모범, 성실, 책임감 같은 표현은 기본값이다. 내 학생부에만 보이는 독특한 탐구 흐름이 있는지 점검한다.

- 부정적으로 해석될 수 있는 표현을 확인한다.

  "주관이 강함", "내성적임" 같은 문장이 들어가지 않도록 주의한다. 대학의 학습은 협업과 공동연구가 기본이다.

- 면접 기준으로 검증해본다.

  "학생부 글들이 전공 역량을 증명하는가?"

  "칭찬의 표현을 근거할 만한 구체적 사례가 있는가?"

2

고등학교는 입시를 대신해 주지 않는다

"학교는 입시를 대신 해주는 곳이 아니라 스스로 움직이는 학생에게 힘을 보태는 곳이다. 준비가 되었을 때 학교는 강력한 지원군이 된다."

많은 학부모가 고등학교를
"아이를 대학에 보내주는 기관"이라고 생각한다.
하지만 그것은 착각이다.
고등학교는 고등학교 교과과정을 가르치는 곳이지,
입시를 대신 책임져주는 기관이 아니다.

그래서 간혹
"왜 학교는 입시에 더 적극적으로 도와주지 않나요?"
라는 아쉬움을 토로하시는 학부모가 많다.
그것은 고등학교의 존재 목적에 대한 자의적인 해석일 뿐이다.

그렇다고 해서
학교 선생님들이 학생의 입시에 관심이 없다는 뜻은 아니다.
제자가 좋은 대학에 가는 모습을
누구보다 바라는 사람도 선생님이다.
그래서 어떤 학생들의 입시에는 큰 관심을 갖는다.

그렇다면
선생님은 어떤 학생에게 더 많은 관심을 기울일까?

"스스로 준비하는 아이"다.
성적을 올리는 일은 결국 학생의 몫이다.
선생님은 방향을 제시하고 도와줄 수는 있지만
성적 자체를 대신 만들어줄 수는 없다.

학생부 역시 마찬가지다.
선생님은 활동의 기회를 열어줄 수는 있어도
활동을 대신 해줄 수는 없다.

실제로 많은 교사가 이렇게 말한다.
"채워주고 싶은데, 시켜도 안 한다."
"준비하라고 해도 미적거린다."

선생님은
열정만 말하는 아이가 아니라
직접 움직이는 아이를 끌어줄 수밖에 없다.
그래야 효과가 있기 때문이다.

"하고 싶습니다."가 아니라
이미 준비하고 있는 모습을 보여주는 학생.
선생님은 그 순간을 확인하는 즉시
힘을 보태기 시작한다.

고등학교는
아이를 대학에 보내주는 곳이 아니다.
그러나 스스로 준비하는 아이에게는
가장 강력한 지원군이 되어주는 곳이다.

 **실천 Tip**

- 학교의 역할을 정확히 이해한다.

  고등학교는 대학입시를 대신 책임지는 기관이 아니다. 교육과
  정을 운영하는 곳이다. 입시는 학교에 맡기는 일이 아니라 스스

로 설계해야 할 과제임을 인정한다.

- 대학입시는 의존이 아니라 개척의 문제임을 인식한다.

  "학교가 해주겠지."라는 태도를 버리고, 진로 탐색, 과목 선택, 탐구 설계는 학생과 학부모가 먼저 방향을 잡는다.

- 입시에 대한 의지를 구체적 행동으로 드러낸다.

  막연한 욕심이 아니라 상담 요청, 탐구 주제 제안, 심화 과제 참여 등으로 진지함을 보여준다. 학교는 말보다 행동에서 진정성을 읽는다.

- 기회가 보이면 먼저 손을 든다.

  발표, 추가 과제, 프로젝트, 추천 프로그램 등에서 주저하지 않는다. 먼저 움직이는 학생에게 더 많은 정보와 지원이 연결된다.

3

담임선생님의 손끝에서 학생부는 완성된다

"학생부의 30% 이상은 담임교사가 채운다. 상담, 제안, 책임감, 협조가 반복될 때 관계가 생기고, 만들어진 신뢰는 경쟁력 있는 기록으로 남는다."

학생부종합전형에서 가장 영향력이 큰 사람은 누구일까.
많은 학부모는 교과 선생님을 먼저 떠올린다.
그러나 학생부를 작성 비중과 읽히는 순서까지 따져 보면
가장 큰 영향을 미치는 인물은 담임선생님이다.

자율활동, 진로활동, 행동특성 및 종합의견,
그리고 담임이 직접 수업하는 교과의 세부능력 및 특기사항까지 합하면
학생부 전체에서 담임이 작성하는 비중은 약 30~40%에 이른다.

게다가 입학사정관이 학생부를 펼치면

가장 먼저 읽는 부분이 출결, 자율활동, 진로활동이다.
그리고 마지막으로 읽는 부분이 행동특성 및 종합의견이다.
따라서 첫인상과 최종 인상을 모두 담임이 남긴 기록으로 판단하게
된다.

따라서 "담임과의 관계"는.
이것은 감정의 문제가 아니라 입시 결과에 직접 연결되는 문제다.
"고3 대입 결과는 담임이 만든다."는 말은 현실이다.

이때 활동이 있고, 변화가 있고,
성장의 장면이 있어야 기록이 가능하다.
가만히 있는 학생의 학생부는 가만히 기록될 수밖에 없다.
반대로 활동에 적극적으로 참여하고, 그 과정을 공유하고,
진로 고민을 상담하고, 결과를 다시 피드백하는 학생은
기록할 내용이 자연스럽게 쌓인다.

담임의 문장은 호의로 만들어지지 않는다.
근거가 있어야 구체적으로 써 줄 수 있다.
이 차이가 학생부의 완성도를 가른다.

또 하나 중요한 점은, 관계는 단기간에 좋아지지 않는다는 사실이다.
학생부는 누적 기록이고, 담임의 인상도 누적된다.

고3이 되어 갑자기 "열심히 하겠습니다."라고 말해도
이미 형성된 학생에 대한 이미지는 쉽게 바뀌지 않는다.

선생님도 사람이다.
책임감 있고 성실하게 움직이는 학생,
한 번이라도 더 해 보겠다고 찾아오는 학생,
부족한 부분을 보완해 다시 제출하는 학생은 기억에 남는다.

겉으로는 "그만해도 된다."라고 말하더라도,
계속 도전하는 모습은 인상에 남는다. 그리고 기록은 결국 기억
에서 나온다.

반대로 아무런 움직임이 없다면 도와주고 싶어도 남길 내용이 부
족하다.
학생부를 잘 만들고 싶다면 먼저 학생부가 어떻게 읽히는지 이해
해야 한다.
그리고 담임과 신뢰를 쌓는 연습을 해야 한다.

실천 Tip

- 학기당 최소 1~2회 상담을 요청한다.

막연한 고민이 아니라 현재 탐구 주제, 과목 선택, 지원 학과 방향에 대해 구체적인 질문을 준비해 간다. 상담은 한 번으로 끝내지말고, 실행 후 다시 찾아가 결과를 공유한다.

- 활동이나 탐구를 시작하기 전, 먼저 제안한다.

"이런 활동을 해보고 싶은데 괜찮을까요?"라고 묻는 과정 자체가 준비된 태도다. 계획안을 간단히 정리해 가져가면 진정성이 전달된다.

- 선생님의 결정이 "안 된다."일 때는 즉각적으로 순응한다.

의견을 제안했더라도 최종 판단은 교사의 권한이다. 거절을 개인적 감정으로 받아들이지 않고, "알겠습니다. 다른 방법을 고민해 보겠습니다."라고 답한다.

- 문제 상황이 생기면 스스로 해결하려 하지 말고 해결 방법을 묻는다.

"이 상황에서 어떻게 해결하는 것이 좋을까요?"라고 묻는 태도는 책임감으로 읽힌다.

- 교사가 도움을 요청할 때 적극적으로 참여한다.

행사 준비, 자료 정리, 학급 활동 지원 등 작은 일이라도 성실하게 맡는다. 학급 운영에 기여한 경험은 [행동특성 및 종합의견] 기록에서 자연스럽게 드러난다.

4

학교생활기록부 내용이 입시면접 성패를 좌우한다

"면접은 말솜씨를 겨루는 자리가 아니라 학생부의 깊이를 확인하는 과정이다. 학생부가 구체적이고 심화될수록 질문과 답변의 수준이 높아져 결과도 좋다."

대학입시 면접 질문의 대부분은
일부 제시문 기반 구술면접을 제외하면
학교생활기록부에서 출발한다.

입학사정관이나 전공 교수는 면접장에 들어오기 전,
이미 학생부를 읽는다. 그리고 그 안에서 한 가지를 찾는다.
"이 학생에게 반드시 확인하고 싶은 지점은 무엇인가."

수업 태도에 대한 한 문장, 세부능력 및 특기사항의 특정 표현,
동아리 활동의 흐름, 탐구 주제의 확장 과정, 진로활동에서의 변화까지

모두 질문의 출발점이 된다.

면접은 새로운 이야기를 만들어내는 자리가 아니다.
이미 적혀 있는 기록이 사실인지,
깊이가 있는지, 실제 경험에서 나온 말인지를 확인하는 자리다.

그래서 면접은 말을 잘하는 시험이 아니다.
학교생활기록부에 적힌 내용을 실제로 살아본 학생인지
검증하는 과정이다.

학생부의 수준이 낮으면 질문도 얕다.
"이 활동을 왜 했나요?"
"느낀 점은 무엇인가요?"
기본적인 확인 질문에서 크게 벗어나지 않는다.

그러나 학생부에 흐름과 깊이가 보이면 질문은 자연스럽게 구체
화된다.
"그 과정에서 가장 어려웠던 점은 무엇이었나요?"
"자료의 한계는 무엇이었고 어떻게 보완했나요?"
"이 탐구가 전공과 어떤 학문적 연결성을 갖는다고 생각하나요?"

이 질문들은 단기간 훈련으로 대응하기 어렵다.

경험이 축적된 학생만이 안정적으로 답할 수 있다.

중요한 사실은 하나다.
고1, 고2 때 쌓인 학교생활기록부가 이미 면접의 절반을 결정한다
는 점이다.
현장에서 보면 면접을 잘 본 학생들의 공통점이 분명하다.
말을 유창하게 해서가 아니라 질문이 좋았다.
질문이 좋으려면 학생부에 드러난 소재가 좋아야 한다.

반대로 학생부를 형식적으로 채운 학생은 면접에서 흔들린다.
질문거리가 부족하다.
그마저도 기억이 흐릿하고, 설명은 추상적이며, 답변이 길어질수
록 논리가 약해진다.

면접관은 그 미묘한 차이를 정확히 감지한다.
결론은 명확하다.
면접은 별도의 시험이 아니다.
학교생활기록부의 연장선이다.

- 학생부의 모든 문장을 직접 설명해 보는 연습을 한다.

  세특 한 줄, 동아리 활동 한 문장도 "왜 했는지, 무엇을 배웠는지, 한계는 무엇이었는지"를 말로 풀어본다.

- 활동 간 연결성을 스스로 말해본다.

  "1학년 활동이 2학년 탐구로 어떻게 이어졌는가?"를 설명해 본다. 연결이 보이지 않으면 학생부도 약하다.

- 면접 대비는 암기가 아니라 복기다.

  예상 답변을 외우지 말고, 당시 상황과 고민 과정을 다시 떠올린다.

- 고1부터 면접을 의식하고 활동한다.

  "이 경험을 나중에 설명할 수 있는가?"라는 질문을 항상 염두에 둔다. 기록은 결국 말로 검증된다.

5

전교 1등이 불합격하는 이유, 지식생태계가 부족하기 때문

"전교 1등이 한자리에 모이면 성적은 더 이상 경쟁력이 아니다. 합격을 가르는 힘은 신뢰와 책임감 속에서 지식 생태계를 확장하는 태도다."

2025학년도 기준 전국 고등학교의 수는
일반고 1,609개교, 특목고 162개교, 자사고 10개교다
총 1,781개교다.

따라서 우리나라 전교 1등만 모아놓으면 약 1,781명이 된다.
모두가 자타가 공인하는 최상위권이다.

이 학생들의 대부분은 최상위권 대학의 최상위 학과로 몰린다.
전교 1등이 모인 자리, 성적은 더 이상 경쟁력이 아니다.

전교 1등이 더 이상 경쟁력이 되지 않는 상황이라면,

합격과 불합격을 결정하는 다음 요소는 학교생활기록부다.

합격하는 친구들만이 가진 특별함이란 무엇일까?

그건 바로 인성이다.
이들은 인성을 무기로 지식생태계를 만들고
자신이 만든 생태계를 학교생활기록부에 고스란히 옮겨 놓는다.

여기서 말하는 인성은 '착함'이 아니다.

책임감 있게 행동하는 태도,
약속을 지키는 습관,
타인의 시간을 존중하는 자세처럼 함께 일할 수 있는 역량을 말한다.

입시는 혼자 치르는 과정처럼 보이지만,
수많은 사람의 손길이 필요하다.

담임선생님, 교과 선생님, 동아리 선생님, 그리고 때로는 친구들과
학원 선생님까지.

입시적 관점에서 이들은 남이 아니다.
아이가 가진 지식생태계의 구성원이다.

이 생태계 안에서 아이가 어떤 태도로
존재하느냐에 따라
입시 성과는 달라진다.

주변의 도움을 잘 받는 아이들은
지식을 '혼자 소유하려 하지 않는다.'
조언을 흘려듣지 않고,
"이 부분에서 제가 이렇게 생각했는데 맞는 방향인지 알고 싶다."
는 식으로 사고 과정을 드러낸다.

이때 지식은 대화와 피드백을 통해 함께 확장된다.
이런 상호작용이 반복되면서
아이 주변에는 자연스럽게 지식의 순환이 만들어진다.

이 구조가 바로 지식생태계다.

주변 사람들은 아이의 성장을 지켜보며 더 많은 아이디어를 주고,
더 깊은 질문을 던지게 된다.

담임선생님: "추가로 제출하고 싶은 보고서 있니?"
교과 선생님: "전공 관련 탐구를 더 해야 하지 않을까?"
학원 선생님: "그렇다면 이런 탐구주제는 어때?"

친구: "교내 봉사활동 빈자리가 생겼는데 참여할래?"

도움은 이렇게 자연스럽게 증폭된다.

이렇게 학교생활기록부의 완성도는 높아지고,
전교 1등이 모인 자리에서 아이를 보호하는 안전망이 된다.

결국 전교 1등 안에서 살아남는 아이는 혼자 모든 것을 해결하는
아이가 아니라
주변과 함께 학교생활기록부를 더 무게감 있게 만드는 법을 아는
아이다.

반대로 도움을 받지 못하는 아이들은 태도에서 스스로 벽을 만드는
경우가 많다.

지적을 방어로 받아들이고,
조언을 통제로 오해하면 대화는 단절된다.
아이는 지식생태계 밖으로 밀려나 혼자 남게 된다.
결국 최상위권 집단에서는 성적이 출발선이고, 태도가 분기점이된다.

그리고 불합격 소식을 접하면,
'전교 1등인데 왜 불합격했지?'

라며 의아해하며

N수생이 발톱을 세우고 있는 정시로 진입한다.

전교 1등의 의미는 퇴색된다.

 **실천 Tip**

- 지적을 방어가 아니라 발전의 기회로 받아들인다.

  학교 선생님이든 학원 선생님이든, 친구든 부족한 점을 지적했을 때 즉시 변명하지 않는다. "그 부분을 보완해 보겠습니다."라고 말하고 수정한다.

- 머리와 가슴을 열어 둔다.

  조언이 내 생각과 다르더라도 일단 들어본다. "왜 그런 의견을 주셨는지"를 먼저 이해하려는 태도가 중요하다.

- 감사의 표현을 습관처럼 사용한다.

  작은 피드백에도 "말씀해 주셔서 감사합니다."라고 말한다. 고마움을 표현하는 태도는 관계를 단단하게 만든다.

- 관계를 학습 자산으로 인식한다.

  혼자 해결하려 하지 말고, 질문하고 공유하고 협력한다. 도움을 잘 받는 능력도 실력이다.

4장

고2, 고3에게 당부합니다

1

수시 경쟁자는 교내에, 정시 경쟁자는 전국에 있다

"입시는 전국을 상대로 하는 시험처럼 보이지만, 실제 출발점은 '같은 학교 안에서의 자리'다. 교내 경쟁력을 확보한 학생만이 대학으로부터 선택권을 받는다."

입시는 수시와 정시로 나뉜다.
이 두 전형의 경쟁 구도를 정확히 이해하는 일이 필수다.

수시의 1차 경쟁 대상은
"같은 학교 안에서 함께 공부하는 동년배 학생들"이다.
내신은 학교별 상대평가로 산출되고,
학생부 역시 동일한 교과 환경과 동일한 교사 집단 안에서 기록된다.
결국 수시는 전국을 상대로 싸우는 시험이 아니라
"학교 안에서의 위치를 증명하는 경쟁"이다.
그래서 수시는 본질적으로 "교내 서열 경쟁"이다.

반면 정시는 전국 단위 시험이다.

경쟁 대상은 동년배뿐 아니라 반수생, N수생까지 포함된다.

수능 점수 하나로 전국 순위를 매긴다.

그래서 흔히 정시는 "전국 단위의 전쟁"이라고 부른다.

그러나 최근 상위권 대학들의 방향은 분명하다.

서울대를 비롯한 주요 대학들이 정시에서도

학생부 교과 성적이나 이수 내역을 반영하겠다는 움직임을 본격화하고 있다.

이는 단순한 제도 변화가 아니다.

정시조차도 "학교에서의 학업 이력을 무시하지 않겠다."는 선언에 가깝다.

수능의 변별력이 낮아지는 상황에서 대학은 다시 학교로 눈을 돌리고 있다.

즉, 정시에서도 "학교에서 어떤 학생이었는가"를 확인하겠다는 뜻이다.

이 변화가 의미하는 바는 명확하다.

정시도 점점 "학교를 거쳐 해석되는 경쟁"으로 이동하고 있다.

결국 모든 전형에서 중요한 질문은 하나로 수렴한다.

"학교 안에서 나는 어떤 위치에 있는가."

내신이 흔들리면 수시는 당연히 불리하다.
학생부의 경쟁력이 낮으면 정시에서도 불리해질 가능성이 높다.

교내 상위권을 안정적으로 유지한 학생은 수시에서 강하고,
정시에서도 선택의 폭이 넓다.

입시 전략의 핵심은 "교내 경쟁력 확보"다.
같은 학교 안에서 내신과 학생부 모두 우위에 있는가.
같은 반, 같은 학년 안에서 학업 태도와 성취가 분명히 드러나는가.

학교 안에서 자리를 확보하지 못하면, 전국 무대에서의 선택지도
줄어든다.
결국 입시의 본질은 단순하다.
"전국을 이기기 전에, 먼저 학교 안에서 이겨야 한다."

 실천 Tip

- 교내 상위권을 1차 목표로 둔다.
  수시를 준비하든, 정시를 준비하든 교내 경쟁력 확보가 먼저다.
  학교 안에서 밀리면 수시가 흔들리고, 교과 성적이 약하면 정시

선택지도 줄어든다.

- 내신과 수능을 분리하지 않는다.

  정시를 생각하더라도 내신을 가볍게 보지 않는다. 최근 정시에서도 학생부를 반영하는 대학이 늘고 있다. "수능만 잘 보면 된다."는 판단은 틀렸다.

- 같은 내신의 학생들과 비교한다.

  전국이 아니라 같은 학교 안에서 비슷한 등급대 학생들의 학생부를 분석한다. 내신이 같다면 학생부 수준에서 차이를 만들어야 한다.

- 학년 초부터 관리한다.

  "나중에 올리겠다."는 전략은 통하지 않는다. 1학기부터 안정적인 성취를 확보한다.

2

스트레스 해소, 선을 넘지 말아야 하는 이유

"취미와 운동은 필요하지만, 중심이 바뀌는 순간 학습의 흐름이 끊기고 그 공백은 성적과 기록으로 드러난다. 입시에서 자기관리는 선택이 아니라 실력이며, 자신을 조절하는 힘이 결과를 지킨다."

고2, 고3이 되면 입시는 더 이상 먼 이야기가 아니다.
성적, 모의고사, 지원 전략이 구체적인 숫자로 다가오면서
스트레스는 빠르게 커진다.

그래서 많은 학생이 해소 방법을 찾는다.
음악에 몰입하기도 하고, 운동에 시간을 쏟기도 한다.
스트레스 해소 자체는 필요하다.

문제는 "해소"를 넘어 "빠져드는 순간"이다.
취미가 중심이 되면 공부는 뒤로 밀린다.
"요즘은 음악이 더 재밌어요."

"운동을 해야 스트레스가 풀려요."
이 말이 반복되기 시작하면 위험한 신호다.

특히 운동은 조심해야 한다.
농구, 축구, 자전거, 웨이트처럼 강도가 높은 활동은
부상을 동반하기 쉽다.

가볍게 다친 줄 알았는데
같은 부위를 또 다쳐 며칠씩 결석하는 사례가 실제로 많다.
학생들은 그 심각성을 잘 느끼지 못한다.

"며칠 쉬면 되지." "조금 밀려도 따라가면 되지."
이렇게 생각한다.

하지만 결과는 숫자로 나타난다.
수업 흐름이 끊기고, 과제가 밀리고,
시험 범위가 누적된다.

공부의 관성이 깨지는 순간,
회복에는 훨씬 더 많은 시간이 필요하다.
떨어진 긴장을 다시 끌어올리는 데
두세 배의 에너지가 든다.

그 사이 시험은 다가오고 점수는 하락한다.
스트레스를 풀려고 시작한 활동이
오히려 더 큰 스트레스로 돌아온다.

"아파서 그랬다."는 말로 스스로 위안하지만,
입시의 관점에서 자기관리도 실력이다.

여행도 마찬가지다.
준비하는 시간, 이동하는 시간,
돌아와서 적응하는 시간까지 생각보다 긴 학습 공백을 만든다.

컨설팅을 하며 확인한 사실이 있다.
부상도, 학습 공백도 습관이 된다는 것이다.
힘들 때마다 흐름을 끊는 선택을 하면
그 방식이 자연스러워진다.

스트레스는 풀어야 한다.
그러나 중심을 흔들 만큼 몰입해서는 안 된다.
취미는 보조 장치여야지 생활의 방향을 바꾸는 선택이 되어서는
안 된다.

심각성은 그 순간에는 잘 보이지 않는다.

하지만 성적과 기록으로 드러난다.
조절하는 힘이 실력을 지킨다.

💡 실천 Tip

- 자기관리도 실력이라는 기준을 세운다.

  아파서, 힘들어서, 피곤해서라는 이유가 반복되면 전략을 다시 점검한다. 입시는 체력과 집중력을 포함한 종합 관리 싸움이다.

- 부상 위험이 높은 운동은 거리를 둔다.

  농구, 축구, 웨이트처럼 강도가 높은 활동은 가급적 줄인다. 입시는 장기전이다. 며칠의 공백이 학업의 흐름을 끊을 수 있고 회복하는 데도 시간이 걸린다.

- 공부의 흐름을 끊지 않는 루틴을 만든다.

  운동을 하더라도 당일 최소 학습 시간은 반드시 채운다. "오늘은 쉬어도 되지."라는 예외를 만들지 않는다. 흐름 유지가 성적을 지킨다.

3

증명되지 않은 근거로 희망회로를 만들지 말자

"대학을 지원하는 기준은 증명된 성적, 최근 3개년 합격 데이터, 경쟁 집단의 수준이다. 그 기준을 외면한 희망은 준비가 아니라 도박에 가깝다. 입시는 믿음으로 통과하는 시험이 아니다. 지금 가진 조건에서 가장 높은 확률을 선택하는 과정이다."

입시에서 가장 위험한 것은 근거가 부족한 희망회로다.

희망회로란, 객관적인 근거보다
가능성을 크게 확대해 해석하는 심리 상태를 말한다.

입시 상담 현장에서 가장 자주 등장하는 말들이 있다.
"작년에 이 정도 성적으로도 붙은 애가 있다더라."
"수능이 쉬워지면 전체적으로 점수가 오르니까 우리도 기회가 있지 않을까요?"

이 말들은 불안을 잠시 덜어주는 위로처럼 들리지만,

실제로는 판단력을 서서히 마비시킨다.

희망회로가 작동하는 순간, 기준이 바뀐다.
문제는 이 희망회로가 고2에서 고3으로 올라가는 시기에
가장 활발하게 작동한다는 점이다.

"9월 모의고사 성적이 높았으니 수능 성적도 높지 않을까?" "약술
형 수리논술은 쉬워보이는데 나도 가능하지 않을까?"

모두 막연하고 근거가 없다.
모의고사 성적이 몇 번 높게 나왔다고 수능이 잘 나오지 않는다
약술형 수리논술은 간단해 보이는 만큼 지원자들이 많이 몰려 치
열하다.

입시는 지금 가진 조건에서 가장 높은 확률의 결과를 설계하는
과정이다.
이 계산이 차갑다고 느껴질 수 있다.

그러나 이 차가움이 아이를 지킨다.
희망회로를 끄는 순간, 비로소 전략이 보인다.
내가 어디까지 갈 수 있는지,
입시에서 가장 큰 용기는
"될지도 모른다."를 붙잡는 것이 아니라,

"여기까지가 현실이다."를 인정하는 데서 나온다.

입시는 희망을 증명하는 시험이 아니다.
지금 가진 조건 안에서 최적의 결과를 설계하는 계산의 영역이다.
희망회로를 끄는 순간, 비로소 전략이 보인다.

실천 Tip

- 가능성과 확률을 구분한다.

  "가능하다"는 말은 1%도 포함한다. 지원 전략은 최소 50% 이
  상 현실성이 있는 선택지를 중심으로 설계한다.
- "왜 가능하다고 생각하는가?"를 스스로 묻는다.

  구체적 근거가 3가지 이상 설명되지 않으면 희망회로일 가능
  성이 높다. 설명이 막히면 전략을 다시 세운다.
- 최고 점수가 아니라 '안정 평균'을 기준으로 삼는다.

  모의고사 중 가장 잘 나온 한 번의 점수가 아니라 최근 3~4회
  평균을 본다. 전략은 피크가 아니라 지속 가능성 위에 세운다.
- 제3자의 냉정한 평가를 반드시 받는다.

  학부모의 낙관, 학생의 기대가 개입되면 판단이 흔들린다. 실
  제 합격 데이터를 다뤄본 전문가의 의견으로 현실 범위를 점검
  한다.

4

서울대를 가고 싶으면 서울대생처럼 살면 된다

"입시를 위해서는 생각이 아니라 삶의 기준이 바뀌어야 한다.
그래야 하루가 달라지고, 하루가 달라져야 입시결과가 달라진다.
각오보다 중요한 건 생활 방식을 바꾸는 일이다."

컨설팅을 하다 보면 자주 듣는 말이 있다.
"서울대 가고 싶어요." "연세대, 고려대가 목표입니다."
목표는 높다. 그런데 행동은 그대로다.

공부 시간은 일정하지 않고, 플래너는 비어 있고,
휴대폰은 손에서 떠나지 않는다.
그러면서 이유는 많다.

"오늘은 좀 피곤해서요."
"스트레스가 쌓여서요."
"친구들과의 관계도 중요하잖아요."

물론 아프면 쉬어야 한다.
경조사가 있으면 참석해야 한다.
운동도 필요하다.

하지만 문제는 빈도가 아니라 태도다.
모든 상황에서 공부가 가장 먼저 밀려난다면,
그 목표는 진짜 목표가 아니다.

나는 항상 이렇게 말한다.
"서울대학교를 가고 싶으면 지금부터 서울대생처럼 살아라."
서울대생은 시험 직전에만 몰아서 하지 않는다.
그들은 하루를 30분 단위로 쪼갠다.
플래너는 비어 있지 않다.
단어장은 손때가 묻어 있다.
유혹은 매번 있지만, 선택은 한 방향이다.

그들에게 공부를 방해할 이유가 없었던 것이 아니다.
이유를 이겨낸 것이다.

서울대생이 된 다음에 바뀌는 것이 아니다.
서울대생처럼 살았기 때문에 그 자리에 간 것이다.

아프면 쉬고,
행사가 있으면 빠지고,
친구가 부르면 나가고,
할 것 다 하면서

"그래도 나는 서울대를 가고 싶다."고 말하는 것은
논리적으로 맞지 않는다.

목표에는 대가가 따른다.
원하는 대학이 있다면,
이미 그 대학의 학생이 된 것처럼 살아야 한다.

"나는 그 학교 학생이라면 지금 무엇을 할까?"

이 질문을 스스로에게 던져야 한다.
변명은 잠깐 마음을 편하게 해준다.

하지만 결과는 바꾸지 못한다.
정신 상태를 바꾸지 않으면
생활이 바뀌지 않는다.
생활이 바뀌지 않으면 결과도 바뀌지 않는다.

목표는 선언으로 이루어지지 않는다.

태도로 완성된다.

원하는 대학이 있다면,

지금 그 대학생의 정신으로 살아라.

그 정신이 하루를 바꾸고,

그 하루가 3년을 만든다.

실천 Tip

- 정신을 먼저 바꾼다.

  환경이 바뀌기를 기다리지 않는다. "지금 방식으로는 원하는 대학에 갈 수 있는가"를 냉정하게 묻는다. 아니라면 사고방식부터 갈아껴야 한다. 목표 수준에 맞는 기준을 스스로에게 적용한다.

- 목표를 현실 데이터 위에 세운다.

  막연한 희망이 아니라 현재 내신, 모의고사 평균, 최근 3개년 합격선과 비교해 도달 가능한 범위를 설정한다. 상향은 가능하되, 확률을 계산한 목표여야 한다.

- "나는 무엇이 달라져야 하는가"를 구체적으로 적는다.

  공부 시간, 휴대폰 사용, 수업 집중도, 복습 습관, 체력 관리 등

항목별로 현재 상태와 목표 상태를 비교한다. 막연히 "더 열심히"가 아니라 "매일 2시간 추가 확보"처럼 수치로 정한다.

■ 고칠 부분을 리스트로 만들고 하나씩 실행한다.

미루는 습관, 야식, 늦잠, 플래너 미작성, 감정 기복 등 바꿔야 할 요소를 적는다. 한 번에 다 바꾸려 하지 말고 우선순위를 정해 2주 단위로 교정한다.

5

대학이 끝까지 보는 한 가지

"성적은 능력을 증명하지만, 인성은 그 능력을 어떻게 사용할지를 보여준다. 대학은 잘하는 학생이 아니라 함께 성장할 수 있는 학생을 선발하며, 그 판단의 근거는 학교 안에서 축적된 태도와 책임감이다."

대학입시를 이야기할 때, 우리는 성적과 활동을 먼저 떠올린다.
그러나 대학이 끝까지 놓지 않는 평가 요소가 있다.
바로 인성이다.

학생부종합전형의 평가 요소에는
학업역량, 전공 적합성과 함께 인성이 포함된다.
인성은 별도의 점수로 드러나지 않지만
행동특성 및 종합의견에서 분명하게 확인된다.
이 항목은 담임교사가 1년 동안 관찰한 내용을 바탕으로 작성한다.

왜 대학은 인성을 중요하게 볼까.
대학의 학습은 혼자만의 공부가 아니다.
토론, 팀 프로젝트, 공동 연구가 기본이다.
지식은 뛰어나도 협력이 되지 않으면
학업 과정에서 갈등을 만든다.
그래서 대학은 "잘하는 학생"만이 아니라
"함께할 수 있는 학생"을 선발한다.

이제 여기에 한 가지가 더해진다.
인공지능 시대다.
지식과 정보는 이미 AI가 빠르게 처리한다.
문제 풀이 속도도, 자료 정리 능력도
인공지능이 인간을 압도하는 영역이 늘어나고 있다.

그렇다면 인간에게 남는 경쟁력은 무엇일까.
공감, 배려, 책임, 협력 같은 관계 중심의 역량이다.
AI는 계산은 할 수 있어도 책임을 지지는 못한다.
데이터는 분석할 수 있어도 공동체를 이끌지는 못한다.

그래서 인성은
도덕 교과서 속 단어가 아니라 미래 경쟁력이다.
학교생활기록부에서 인성은

화려한 활동으로 증명되지 않는다.

교실 안에서의 태도로 드러난다.

담임교사가 도움을 요청할 때 먼저 움직이는 모습,

분리수거나 청소처럼 친구들이 꺼리는 일을 맡는 태도,

갈등 상황에서 감정을 조절하는 방식.

이 작은 선택들이 쌓여 학생부에 기록된다.

학생부를 채우기 위한 활동을 넘어,

공동체 안에서 큰 경쟁력이 된다.

입시에서도 인성은 중요하고, 사회에서는 더 중요하다.

성적은 개인의 능력을 보여준다.

인성은 그 능력을 어떻게 사용할지를 보여준다.

인성은 선택이 아니다.

입시 전략을 넘어, 미래를 준비하는 핵심 역량이다.

실천 Tip

■ AI 시대의 차별화 방법을 인식한다.

지식은 기계가 빠르게 처리한다. 그러나 책임과 신뢰는 사람이 만든다. 인간만이 할 수 있는 영역을 의식적으로 키운다.

- 책임을 끝까지 완수한다.

약속한 기한을 지키고, 맡은 역할을 중간에 내려놓지 않는다. 수행평가, 공동 발표, 동아리 활동 모두 마찬가지다. 신뢰는 완성도에서 만들어진다.

- 갈등 상황에서 감정을 관리한다.

팀 프로젝트나 조별 활동에서 의견 충돌이 생기면 즉시 반응하지 않는다. "그 의견은 이런 장점이 있네요."처럼 정리한 뒤, 자신의 생각을 말한다.

- 보이지 않는 일도 맡는다

청소, 정리, 준비물 관리처럼 주목받지 않는 역할을 자발적으로 수행한다. 리더십은 앞에 서는 것만이 아니다.

최고의 세특이 대학에 불합격한 이유

A양을 처음 만났을 때는 고등학교 2학년 과정이 모두 끝나고,
고등학교 3학년 1학기 초였다.
이미 학교생활기록부의 큰 틀은 거의 완성된 시점이었다.

A양의 진로는 매우 분명했다.
꿈은 드라마 작가였다.
학교에서 진행되는 각종 글쓰기 활동에 꾸준히 참여했고,
글쓰기 동아리 활동은 물론 독서 감상문 대회에서도
눈에 띄는 성과를 만들어냈다.

고1, 고2 학교생활기록부 전반을 살펴보면,
이 학생이 얼마나 글쓰기를 좋아하고,
작가라는 진로를 진지하게 고민해 왔는지가 분명하게 드러났다.
문제는 성적이었다.

A양은 국어국문학과 진학을 희망하고 있었지만,
정작 국어 성적이 매우 낮았다.

아무리 진로에 대한 열정이 강하더라도,
대학입시에서는
전공과 가장 직접적으로 연결된 교과 성적이 기준이 된다.

국어 성적이 뒷받침되지 않는 상태에서
국어국문학과를 목표로 하는 것은
현실적으로 매우 불리한 선택이었다.

그래서 상담의 방향은
'꿈을 지킬 것인가, 합격 가능성을 만들 것인가'라는
데에서 출발했다.

진로 자체를 포기하게 만드는 상담이 아니라
진로를 다시 설계하는 과정이었다.

먼저 성적표를 객관적으로 분석했다.
그 결과, 국어와 달리
수학 성적이 상대적으로 강했고,
특히 확률과 통계 영역에서 안정적인 성취를 보였다.

여기서 기준을 다시 세웠다.
대학은 학생의 열정보다,
입학 이후 우리 학과의 학업 수준을

무난히 감당할 수 있는지를 가장 중요하게 본다는 점이다.

이에 따라 목표 학과를
수학과, 통계학과, 빅데이터 관련 학과로 재설정했다.

그러나 또 하나의 고민이 남아 있었다.
학교생활기록부의 활동은 대부분
문학과 글쓰기 중심으로 구성되어 있었기 때문이다.
전공과 학교생활기록부가 단절된 상태였다.
이 단절을 해소하기 위해
진로의 방향을 새롭게 정의했다.

통계학과나 빅데이터 관련 학과에 진학한 뒤,
국내외 문학 작품을 데이터로 분석해
어떤 작품이 특정 시대에 독자의 선택을 받았는지,
문학 작품의 흐름과 변화는 어떻게 나타나는지를
통계적으로 분석하는 전문가라는 진로를 설정했다.

글쓰기를 포기한 것이 아니라
글쓰기를 해석하고 분석하는 방향으로 확장한 것이다.
이렇게 진로와 학과, 교과 성적의 연결 고리가 만들어지자
지원 전략도 명확해졌다.

국어국문학과 3곳,
통계학과 3곳을 병행 지원했다.
결과는 분명했다.

국어국문학과는 모두 불합격했고,
통계학과는 3곳 중 2곳에서 합격 통보를 받았다.
이 사례는 대학이 무엇을 기준으로 학생을 선발하는지를
명확하게 보여준다.
대학은 학생이 무엇을 좋아하는지를 먼저 보지 않는다.
입학했을 때,
우리 학과의 수업과 과제를
끝까지 버텨낼 수 있는가를 본다.

A양의 경우
수학 성적과 확률과 통계 교과 성취가
통계학과라는 선택과 정확히 맞아떨어졌고,
그 결과 합격으로 이어졌다.

이 상담 사례는
진로란 꿈의 이름이 아니라
대학입시 제도 안에서
교과 성적과 연결되어 설계되어야 한다는 점을
가장 설득력 있게 보여주는 사례다.

3년 동안 바뀐 입시전략이 결과를 망친다

C양은 중학교 때 전교 10등 안에 들던 학생이었다.

고등학교 진학 후 담임선생님은 만날 때마다 이렇게 말씀하셨다.
"내신만 잘 받으면 돼."
"내신이 제일 중요해."
C양과 부모는 그 말을 그대로 믿었다.

어느 대학, 어느 전형으로 가겠다는 판단 없이
"내신이 중요하다니까."라는 말만 붙잡고 있었다.
아무리 찾아봐도 내신만으로 가는 대학의 수는 적었다.
불안해졌다.

3개월쯤 지났을 때, C양의 어머니가 영어학원 입시설명회를 다녀
왔다.
그날 집에 와서 말했다.
"정시가 제일 유리하대."
"수시는 변수가 많고, 결국 수능이 답이래."

다음 날 영어학원 상담을 갔다.
상담실에서 들은 말은 더 강렬했다.
"지금 상황에서 정시가 가장 확실합니다."
"내신은 관리가 어렵고, 정시가 역전의 기회입니다."
현란한 설명과 통계 자료를 보며 C양은 이렇게 생각했다.
"그래, 정시가 답인가 보다."
그날로 정시 대비반에 등록했다.
내신은 기본만 유지하자는 생각으로 수능 문제 풀이에 집중했다.

그러다 우연히 다니게 된 수학학원에서 또 다른 이야기를 들었다.
"논술로 충분히 최상위권 대학 가능합니다."
"학생부 조금 약해도 논술 실력만 되면 돼요."
친절한 설명과 함께
"논술형 사고가 탁월하다."는 칭찬까지 들었다.
그 말이 그렇게 달콤할 수가 없었다.
"논술로 서울 상위권 가능성 있어요."

그날부터 방향이 또 바뀌었다.
내신도, 정시도 아닌 논술 준비에 시간을 쏟기 시작했다.

그 결과는 냉정했다.
내신은 서서히 떨어졌고, 학생부는 챙기지 못했다.

수능 준비도 체계가 없었다.

그러다 우연히 알게 되었다.
자신이 목표로 하던 대학의 작년 논술 경쟁률이
"125대 1"이라는 사실을.

그 순간 C양은 말했다.
"이건 아닌 것 같아요." 5개월 만에 논술을 접었다.

그렇게 방향을 세 번 바꾸는 사이
고3이 되었다.

C양의 학생부는 특별히 내세울 것이 없었다.
전공 관련 탐구도 깊지 않았고,
내신은 상위권이라 부르기 애매했고,

수능 성적도 확실하지 않았다.
원서를 쓰는 시점이 되었을 때,
C양은 말했다.

"제가 어디를 써야 할지 모르겠어요."
결국 교과전형으로 지방대에 합격했고,

현재는 재수를 준비 중이다.

C양의 문제는 노력 부족이 아니었다. 방향의 부재였다.
누군가는 "내신이 답이다."라고 했고,
누군가는 "정시가 유리하다."고 했고,
또 다른 누군가는 "논술이 기회다."라고 했다.
그때마다 믿었고,
그때마다 방향을 바꿨다.

그러나 정작 대학은
모집요강에 이미 답을 적어놓고 있었다.

입시는 누군가의 말솜씨로 결정되는 게임이 아니다.
대학 홈페이지에 공개된 전형요강,
모집인원, 반영비율, 전년도 합격자 데이터가
가장 정확한 정보다.

입시주관이 없으면 전략은 늘 바뀐다.
전략이 바뀌면 누적된 경쟁력이 사라진다.
입시는 "정보를 얼마나 많이 들었는가"의 문제가 아니라
"정보를 기준으로 내가 판단했는가"의 문제다.

이 사례는 입시의 방향은 남이 정해주지 않으며,
결국 스스로 정하고 끝까지 밀고 가는 사람이
결과를 만든다는 이치를 보여주는 사례다.

전교 1등이 서울대 떨어진 이유

B군은 자타가 공인하는 영재였다.
초등학생 때부터 주변에서는 늘 영재라는 수식어가 따라다녔고,
항상 최고 성적을 유지했다.
부모의 기대도 컸다.

고등학교에 진학한 이후에도 전교 1등 자리를 놓치지 않았고,
주변 학원들에서는 B군을 등록시키기 위해 학원비를 받지 않겠다
고 제안할 정도였다.
B군이 다닌다는 사실 자체가 학원 홍보가 되었기 때문이다.

이처럼 겉으로 보기에는
입시에서 가장 유리한 조건을 모두 갖춘 학생처럼 보였다.
부모 역시 "의대는 문제없다."고 생각하고 있었다.

그러나 상담 과정에서
이 학생에게 매우 큰 문제점이 있다는 사실이 드러났다.

B군 주변에서

이 학생을 진심으로 도와주려는 손길을 찾을 수 없었다.
학교 선생님들 사이에서
B군의 최상위권 성적은 인정하지만,
애정 어린 한마디를 건네는 흔적은 거의 없었다.

이유는 분명했다.
자의식이 지나치게 강했고,
본인이 맞다고 생각하면
주변의 조언을 거의 듣지 않았다.

B군과 대화를 나누면서
학교 선생님의 지도를
무시하는 태도를 발견할 수 있었다.
"제가 알아서 할게요."라는 말이
늘 먼저 나왔다.

친구 관계도 마찬가지였다.
교내 활동에서 협동이나 공동체 의식은 거의 보이지 않았다.
단체 활동보다는
개인의 판단과 성과를 우선했고,
내 결정이 항상 최고라는 인식이 강했다.

B군은
"공부하는 데 도움이 안 된다.",
"시간이 아깝다"는 이유로
교내 활동을 스스로 피했다.

이런 상황이 반복되자
학교 선생님들은 자연스럽게
B군의 학교생활기록부에 큰 에너지를 쓰지 않게 되었다.

학원에서도 상황은 비슷했다.
실력을 더 끌어올려 주고 싶어도
학생 스스로 선을 그었다.
지도는 최소화되었고,
관계는 점점 얕아졌다.

결국 입시가 본격적으로 시작되어
학교생활기록부를 종합적으로 검토했을 때,
문제가 분명해졌다.

내신 성적은 의대를 지원하기에 충분했지만,
학교생활기록부 내용은 턱없이 부족했다.
탐구 활동의 깊이도 부족했고,

공동체 활동과 협력 경험도 거의 남아 있지 않았다.

결과는 냉정했다.
B군은 초등학생 때부터 꿈꿔왔던 의대에 합격하지 못했다.
오랜 시간 쌓아온 최상위권 내신은
입시에서 제대로 활용되지 못했다.
결국 재수를 선택하게 되었다.

이 상담 사례가 주는 메시지는 분명하다.
아무리 성적이 좋아도 주변과 조화를 이루지 못하면
대학입시에서는 불리해질 수 있다.

대학입시는 시험 점수만을 평가하지 않는다.
대학입시의 핵심 자료는 학교생활기록부다.

학교생활기록부에는 성적뿐 아니라
교사와의 관계, 친구들과의 관계,
공동체 안에서의 태도가 함께 담긴다.

공부만큼 중요한 것이
사람과 관계를 맺을 수 있는 인성이라는 사실을이 사례는
분명하게 보여준다.

글을 마무리하며..

입시는 어느 날 갑자기 시작되지 않는다
많은 부모가 입시를 고등학교의 일로 생각한다.
고1이 되면 시작되고, 고3이 되면 본격화되는 일이라고 여긴다.

그러나 현장에서 수많은 아이들을 지켜본 결과,
공부의 시작이 초등인 것처럼, 입시의 시작도 초등이다.

초등에서 만들어진 태도가 중학교 성적을 만들고,
중학교에서 굳어진 학습습관이 고등학교 성적을 만든다.

입시는 단절된 사건이 아니라 이어지는 과정이다.
초등 시기에 만들어야 할 가장 중요한 힘은
잘할 때 더 잘하는 힘이 아니라
안 될 때에도 다시 책상으로 돌아오는 힘이다.

입시에서 끝까지 남는 아이들의 공통점이 있다.
유난히 똑똑해서도, 특별한 재능이 있어서도 아니다.

그 아이들은 대체로 겸허하다.
자신의 한계를 알고, 조언을 흘려듣지 않으며,
묵묵하게 해야 할 일을 쌓아간다.

또한 성공한 입시에는 지식생태계가 존재했다.
담임선생님, 교과 선생님, 지도교사, 멘토와의 관계 속에서
아이의 내용이 만들어지고, 평가가 완성된다.

부모의 역할은 분명하다.
아이를 대신해 앞서 달리는 것이 아니라
아이의 리듬이 무너지지 않도록 뒤에서 지켜주는 일이다.

이 책은 특별한 비법을 말하지 않는다.
다만 수십 년 동안 현장에서 확인된 사실을 정리했을 뿐이다.

오늘도 다시 강조하고 싶다.
지금 잘하는 아이보다, 나중에까지 견디는 아이를 키우자.
그 아이가 결국 끝까지 간다.